Hauer

Fische
räuchern & beizen

Stocker
stv

Wolfgang Hauer

räuchern & beizen

*Mit Tischräuchern, Räucherofenbau
und so weiter...*

3. Auflage

Leopold Stocker Verlag
Graz – Stuttgart

Umschlaggestaltung: Thomas Hofer, Reproteam-Druck Gmbh, Graz
Umschlagfoto: Michael Geyer, Graz
Fotos im Textteil: Die Fotos und Grafiken im Textteil wurden vom Autor zur Verfügung gestellt.

Die Deutsche Bibliothek – CIP-Einheitsaufnahme

Hauer, Wolfgang:
Fische räuchern und beizen / Wolfgang Hauer . – Graz ; Stuttgart : Stocker, 2000
  ISBN 3-7020-0853-5

Der Inhalt dieses Buches wurde vom Autor und vom Verlag nach bestem Wissen überprüft; eine Garantie dafür kann jedoch nicht übernommen werden. Die juristische Haftung ist daher ausgeschlossen.

Hinweis:
Dieses Buch wurde auf chlorfrei gebleichtem Papier gedruckt.
Die zum Schutz vor Verschmutzung verwendete Einschweißfolie ist aus Polyethylen chlor- und schwefelfrei hergestellt. Diese umweltfreundliche Folie verhält sich grundwasserneutral, ist voll recyclingfähig und verbrennt in Müllverbrennungsanlagen völlig ungiftig.

ISBN 3-7020-0853-5
Printed in Austria
Layout: Klaudia Aschbacher, A 8101 Gratkorn
Gesamtherstellung: Druckerei Theiss GmbH, A-9400 Wolfsberg

INHALT

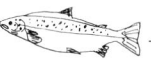

VORWORT

Ehe ich mich entschloß, dieses Buch zu schreiben, sprach ich mit vielen Angelfischern, Geräteherstellern, Teichwirten, Forellenzüchtern und Berufsfischern über ihre Methoden, Fische zu räuchern. Dabei fiel mir auf, daß jeder seine eigene Methode praktizierte. Diese Methoden hatten zwar einiges gemeinsam, dennoch gab es aber auch gravierende Unterschiede – etwa beim Einsalzen bzw. beim Temperaturverlauf und der Räucherdauer. Mit leichtem Schmunzeln stellte ich fest, daß jeder dieser „Räuchermeister" davon überzeugt war, daß gerade seine Methode die einzig richtige sei.

Dieses Buch ist nun auf der Basis vieler Erfahrungen entstanden und soll Richt- und Erfahrungswerte als Hilfestellung für Einsteiger und Fortgeschrittene beim Räuchern geben. Der Kreativität des Einzelnen sind aber sowohl beim Bau von Räuchergeräten als auch beim Würzen und Räuchern selbst kaum Grenzen gesetzt. Dies um so mehr, als sich über Geschmack ja bekanntlich streiten läßt und somit auch über Nuancen beim Würzen und Räuchern.

Bedanken möchte ich mich bei allen, die mir nützliche Tips aus ihrer jahrelangen Räucherpraxis gegeben haben. Mein persönlicher Dank gebührt auch Mag. Thomas Weismann, der für das Kapitel „Der Fisch als Lebensmittel" verantwortlich zeichnet. Für ihre freundliche Unterstützung möchte ich mich besonders bei den Firmen Hans Grassl, Jenzi und Bernhard Feldmann bedanken, die mir mit praktischen Ratschlägen zur Seite standen und mir Gelegenheit boten, praktische Erfahrungen anhand ihrer Produkte zu sammeln.

Eine große Hilfe waren auch meine lieben Nachbarn, die sich „völlig selbstlos" als Testpersonen für meine Räucherprodukte zur Verfügung gestellt haben; nur durch diese zahlreichen Praxistests konnte ich notwendige Korrekturen bei Rezepten und Räucheranleitungen auch rechtzeitig (für Sie liebe Leser) durchführen.

Scharfling, Juni 2000   *Wolfgang Hauer*

EINLEITUNG

Ob selbst gefangen, beim Teichwirt, am Fischmarkt oder im Geschäft als frische Ware erworben – wer Fische erst einmal selbst geräuchert und noch warm auf den Tisch gebracht hat, wird diesen Genuß erst richtig zu schätzen wissen. Schon der würzige Geruch des Rauches und die Vorbereitungen beim Räuchern lassen ein romantisches Flair entstehen und erzeugen Lust auf die „vergoldeten Produkte".

Neben der genauen Anleitung zum Selberräuchern beschreibt dieses Buch auch den Selbstbau von Räuchergeräten. Immer beliebter wird auch das einfache und schnelle Tischräuchern in geselliger Runde. Die auf diese Weise frisch geräucherten Fische oder deren Filets liegen schon nach ca. 25 Minuten warm zum Genuß auf dem Teller.

Eine überaus beliebte Delikatesse, nämlich der Graved Lachs, läßt sich mit dem entsprechenden Know-how ebenso ohne großen Aufwand selbst zubereiten. Übrigens, nicht nur Lachs läßt sich auf diese Weise zubereiten.

Aber auch beim Grillen von Fischen bzw. beim Steckerlfischbraten ist ein entsprechendes Grundwissen unerläßlich, um sich seine Delikatessen selbst herzustellen.

Vor einigen Jahren waren es noch hauptsächlich die Berufsfischer an den großen Seen und Flüssen sowie die großen Forellenzüchter, die ihre Fische durch Räuchern veredelten. Heute erfreut sich das „Vergolden" von Fischen durch den Rauch immer breiterer Beliebtheit. Gerade die Angelfischer, ob als „Einzelgänger" oder in Vereinen organisiert, veredeln ihre schuppigen Fänge in zunehmendem Maße durch Räuchern. Aber auch Hobbyteichwirte und Fischesser generell haben diese delikate Fischzubereitung jetzt entdeckt.

Ich sammelte meine Erfahrungen im Räuchern in jahrzehntelanger Praxis als Berufsfischer an einem großen Salzkammergutsee, als begeisterter Angelfischer in ganz Europa und nicht zuletzt während meiner täglichen Berufspraxis als Fischereimeister am Institut für Fischereibiologie in Scharfling am Mondsee.

DER FISCH ALS LEBENSMITTEL

Der Fisch ist ein hochwertiges Nahrungsmittel für den Menschen. Durch seine ernährungsphysiologischen Besonderheiten gilt er als besonders gesund und wird daher auch in der Diätküche eingesetzt.

Die wichtigsten Inhaltsstoffe

Wasser

60 – 80% in der Muskulatur. Hoher Wassergehalt bedeutet aber auch leichte Verderblichkeit.

Bindegewebe

Sehr geringer Anteil in der Muskulatur (ca. 2%); daher leichte Verdaulichkeit. Als Diät bei Magenerkrankungen geeignet.

Eiweiß

Wichtigster Körperbaustoff. Hohe biologische Wertigkeit durch ein günstiges Aminosäuremuster und den hohen Gehalt an bestimmten essentiellen Aminosäuren (z.B. Lysin, Histidin).

Fett

Wichtigster Energieträger. Träger fettlöslicher Vitamine. Erhebliche Schwankungen im Fettgehalt (abhängig von Fischart, Jahreszeit, Geschlecht, Laichreife, Ernährungszustand, Körpergewebe, Wassertemperatur). Man unterscheidet Fettfische (Fettgehalt > 5%; z.B. Aal, Reinanke, Lachs), mittelfette Fische (< 5%; z.B. Karpfen, Forelle) und Magerfische (< 1%; z.B. Hecht, Schleie, Zander).

Hoher Gehalt an mehrfach ungesättigten Fettsäuren, insbesondere an Omega-3- Fettsäuren, und besonders günstiges Fettsäuremuster. Dadurch zu den hochwertigsten Fetten in der menschlichen Ernährung zu zählen; weiters als Diät bei Herz-Kreislauf-Erkrankungen durch die positive Beeinflussung von Blutdruck, Blutfettwerten und Blutgerinnungsfaktoren (Infarkt- und Arteriosklerose-Prophylaxe). Leichte Verderblichkeit.

Vitamine

Fisch ist ein guter Lieferant von Vit. A und Vit. D (Muskulatur von Fettfischen; Leber der Aalrutte), weiters von Vit. E, Vit. B$_1$ (Karpfen), Biotin, Pantothensäure (Rogen von Forellen).

Mineralstoffe, Spurenelemente

Vielfältige und wichtige Funktionen, z.B. als Bestandteil von Gerüstsubstanzen, Körperflüssigkeiten, Enzymen, Hormonen u.v.m.
Natrium (Na): Sehr geringer Gehalt. Daher besonders geeignet für streng salzarme Diät bei Nierenerkrankungen.
Kalium (K): Hoher Anteil im Fischfleisch.
Kalzium (Ca): Muskelfleisch ist kalziumarm, knöcherne Anteile dagegen sind kalziumreich.
Magnesium (Mg): Geringer Gehalt im Fischfleisch.
Phosphor (P): Reichlich in knöchernen Gewebeteilen.
Spurenelemente: Fischfleisch ist im allgemeinen eine eher mäßige Quelle, eine Ausnahme bilden Kupfer (Cu) bzw. Fluor (F) und Jod (J) bei Seefischen.

Schadstoffrückstände

Diese können durch falsche Behandlung oder Lagerung auf natürliche Weise entstehen (z.B. bakterielle Toxine), durch bestimmte Verarbeitungsmethoden (z.B. Benzpyrene bei geräucherter Ware), oder es handelt sich um umweltbedingte Schadstoffe (Pestizide, Schwermetalle, Dioxine, radioaktive Substanzen). Letztere spielen bei teichwirtschaftlich gehaltenen Fischen bzw. bei Fischen aus unseren heimischen Gewässern keine oder nur eine geringe Rolle.

Lebensmittelrecht

Auswahl an Richtlinien, Gesetzen und Verordnungen betreffend die Verarbeitung und Vermarktung von Fischen.

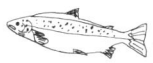

EU-Richtlinien u. EU-Verordnungen

91/493/EWG
RL zur Festlegung von Hygienevorschriften für die Erzeugung und Vermarktung von Fischereierzeugnissen

93/43/EWG
Lebensmittelhygiene

95/71/EWG
Änderung des Anhanges der Hygienevorschriften für die Erzeugung und Vermarktung von Fischereierzeugnissen

2406/96/EG
Über gemeinsame Vermarktungsnormen für bestimmte Fischereierzeugnisse

96/23/EG
Rückstandskontrolle bei Erzeugnissen der Aquakultur

Österreichisches Recht

Lebensmittelgesetz (LMG 75) Bundesgesetz vom 23. 1. 1975
* Betrifft Verkehrsauffassung, Hygiene, Rückstände, Zusatzstoffe, Kennzeichnung von Lebensmitteln, Verzehrprodukten u.v.m.

Fischhygieneverordnung (VO 260/ 1997) vom 16. 9. 1997
* Ausgenommen sind Fischereierzeugnisse, die durch den Fischer oder Produzenten direkt an Einzelhändler, Gemeinschaftsversorgung, Letztverbraucher abgegeben werden.
* Betrifft u.a. Kühlung, Schlacht- und Verarbeitungshygiene, Eigenkontrolle u. HACCP (Hazard Controlling of Critical Points) , Kontrollnr., Registrierung von Großhandelsmärkten, Überwachung.

Lebensmittelhygieneverordnung (VO 31/1998) vom 3. 2. 1998
* Gilt für Ausnahmebetriebe der Fischhygiene-VO

Fischuntersuchungsverordnung (VO 42/2000) vom 1. 2. 2000
- Untersuchung von Fischereierzeugnissen vor der Vermarktung
- Rückstandskontrollen bei Aquakulturerzeugnissen
- Ausgenommen sind Fischereierzeugnisse, die direkt vom Produzenten an Einzelhändler, Konsumenten, Gastgewerbe, Gemeinschaftsversorgung abgegeben werden.

Diverse Vorschriften

Österreichisches Lebensmittelbuch, III. Auflage
   „Fische, Fischerzeugnisse, verwandte Erzeugnisse", z. B.: u.a.
- Richtlinie betreffend die „Lachsforelle"
- Hygienevorschriften für verpackte frische Fische

Lebensmittel-Kennzeichnungsverordnung (LMKV, VO 72/1993)

Bazillenausscheidergesetz

Nitritverbot

Benzpyrenrückstand

DAS RÄUCHERN VON FISCHEN

RÄUCHERÖFEN

Die Palette der Räuchergeräte reicht vom kleinen Tischräucherofen über kompakte Kleinräuchergeräte, selbstgebaute Räuchertonnen aus leeren Ölfässern bis hin zu Großräucheröfen, die elektrisch beheizt und deren Temperaturkurve computergesteuert ist. Dazwischen bleibt jede Menge Platz für individuelle Lösungen, beginnen wir aber bei den Kleinräucheröfen.

Tischräucheröfen

Immer mehr in Mode kommen sogenannte Tischräuchergeräte, diese sind handlich und liefern in erstaunlich kurzer Zeit wohlschmeckende Räucherware. Die bereits fertig gewürzten Fische oder Filets werden auf ein oder zwei Grillrosten in das Gerät eingelegt, die rasche Garung erfolgt hier wie beim Grillen durch die Temperatur, zur Färbung wird Räuchermehl in eine dafür vorgesehene Vertiefung eingestreut. Das Fassungsvermögen solcher Tischräucheröfen ist jedoch begrenzt, meist ist darin Platz für zwei bis acht Stück Portionsfische. Betrieben werden diese Kleingeräte mit Spiritus (trocken oder flüssig). Achten Sie bei der Verwendung von Flüssigspiritus auf die Verbrennungsgefahr, oft sieht man die bereits entzündete Flamme nicht. Verwenden Sie zum Entzünden von Flüssigspiritus geeignete extra lange Zündhölzer bzw. zusammengefaltetes Papier.

Das Feine an diesen Geräten ist, daß während des Räuchervorgangs nur wenig Rauch entweicht, was den Vorteil hat, daß man sie problemlos auf Balkonen oder Terrassen betreiben kann. Die Färbung und das spezielle Aroma erhalten die Fische durch die Zugabe von Räuchermehl, das im Handel erhältlich ist und ohnedies meist mitgeliefert wird. Die Garzeit beträgt im Schnitt nur 15 bis 25 Minuten. Bei größeren Fischen verlängert sie sich allerdings deutlich.

Achten Sie bitte auf die Einhaltung der Gebrauchsanweisung, denn die Angaben betreffend die Spiritusmengen, das benötigte Räuchermehl bzw. die Garzeiten sind meist genau auf das betreffende Gerät abgestimmt. Noch etwas sollte man beachten: Die Fische sind bei diesen Tischgeräten zwar rasch fertig, man sollte sie aber auch gleich warm verzehren. Eine lange Haltbarkeit (ca. 1 Woche) wie bei üblichen Räucherfischen aus größeren Räucheröfen ist hier nämlich nicht gegeben. Diese Tischräuchergeräte eignen sich hervorragend

__Tischräucherofen:__ Das Befüllen der Spiritusbrenner

Die Luftzufuhr kann reguliert werden

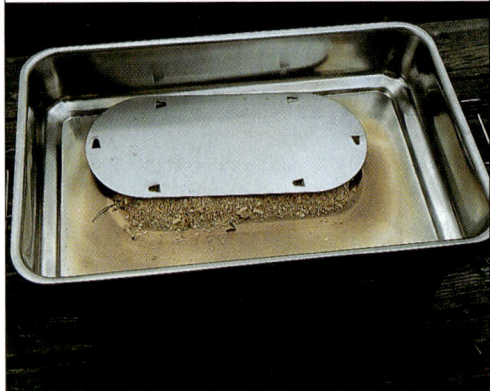

Räuchermehlpfanne mit aufgesetztem Saftabweiser

Eingewürzte Fische, bereit zum Räuchern

Fertig geräucherte Fische

Kleinräuchergerät *mit speziellem Einlegerost (Fa. Grassl)*

Kompaktes Kleinräuchergerät (Fa. Feldmann)

Gerät in Betrieb

Fertig geräucherte Fische

Anzünden des Räuchermehles (System Feldmann)

für spontane Feste und Anlässe in kleinerem Kreise. Bei der Verwendung im Freien sollte man allerdings darauf achten, daß das Räuchergerät windgeschützt aufgestellt ist, da andernfalls die Wärmezufuhr unter Umständen nicht ausreichend ist. Übrigens läßt sich mit diesen Geräten ohne die Beigabe von Räuchermehl auch tadellos grillen. Geradezu ideal sind solche Tischräuchergeräte auch für Angelfischer, die sich ihren Tagesfang im Kreise von Familie oder Freunden am Ende des Angeltages räuchern möchten. Dabei können nicht nur die herkömmlichen Speisefische, wie Forellen, Makrelen usw., verarbeitet werden, sondern auch „unspektakuläre" Kleinfischarten, wie z.B. Seelauben, Rotaugen, Hasel und Barsche. Größere Fische können in den Tischräucheröfen ebenso zubereitet werden, allerdings muß man sie zuvor entsprechend zerteilen, damit sie Platz finden.

Bei Beginn des Räuchervorganges sollte man den Deckel einen Spalt offenlassen, damit der Wasserdampf, der durch die Hitzeentwicklung entsteht, entweichen kann. Außerdem sollten die Fische den Metallrahmen nicht berühren, da sie sonst unschöne Flecken bekommen bzw. dort anbrennen können. Übrigens sollten die Fische, nachdem sie trocken oder naß eingesalzen wurden, gut abgespült und dann getrocknet (luftig aufgehängt) werden, ehe man sie in den Tischräucherofen gibt, sie bekommen ansonsten keine schöne Färbung. Im Handel sind bereits recht funktionelle Tischräuchergeräte erhältlich. Vertrieben werden sie auch in jedem gut sortierten Angelgeräteladen.

Kompakte Kleinräuchergeräte

Nun gibt es im Handel einige recht ansprechende Kleinräuchergeräte. Das Fassungsvermögen dieser Räucheröfen liegt etwa zwischen 10 und 20 normalen Portionsfischen. Bekannt hiefür sind bereits einige Firmen, deren Geräte einer hohen Bewährungsprobe standhalten. Diese Vorrichtungen werden elektrisch betrieben bzw. beheizt. Der Rauch entsteht durch Verglimmen von Räuchermehl, das in eine Räuchermehlschale direkt über der Heizschlange gestreut wird; darüber befindet sich dann noch eine Saftauffangschale, die dem Zweck dient, daß kein Fett in das glimmende Räuchermehl tropft. Die Fische liegen am Rücken auf einem speziellen Rost. Das hat den Vorteil, daß der entstehende Saft im Fisch (Bauchraum) bleibt und so dessen besondere Saftigkeit bewirkt. Für eine konstante Temperatur und somit auch gleichbleibende Qualität sorgt ein automatischer Thermostat, der sich von 50 bis 250° C regeln läßt. Vor dem ersten Räuchern sollte man dieses Gerät zunächst ohne

Fische ordentlich durchheizen, das gilt übrigens auch für andere Kleinräuchergeräte. Zu Beginn sollte die Temperatur kurz auf 150 bis 200° C erhöht werden, damit sich das Räuchermehl auch entzündet, dann genügen rund 120° C für den restlichen Garvorgang, der ca. 45 Min. dauert. Auch mit diesen Geräten kann man problemlos Fische grillen, wenn man kein Räuchermehl zugibt.

Recht interessant erscheinen auch spezielle Grillräuchergeräte, die mit Räuchermehl, Grillräucherkohle, Gas oder elektrischem Heizstab betrieben werden können. Praktisch ist auch ein passender Aufsatz, der die Kapazität dieser Geräte verdoppelt bzw. auch das Räuchern von Aalen ermöglicht. Ungewöhnlich ist die lange Räucherdauer bei diesen Geräten,

Räucheröfen aus Metall (links Elektro-, rechts Holzfeuerung, Fa. Grassl)

sie liegt bei rund 4,5 Stunden beim Heißräuchern, dabei soll die Temperatur nicht über 60° C steigen. Diese wird durch das verglimmende Räuchermehl bzw. durch die spezielle Grillräucherkohle erzeugt, die durch zwei zusammengerollte Bierdeckel entzündet wird. Die gerollten Bierdeckel wirken wie „Kamine" und bringen das umgebende Räuchermehl zum Glimmen. Zum Heißräuchern muß die Räuchermehllade ganz gefüllt werden, zum Kalträuchern nur zur Hälfte. Durch das Glasfenster in der Türe kann man die Entwicklung der Fische beobachten. Während der relativ langen Räucherzeit bei diesen Geräten gehen der Garungs- und der Färbungsprozeß ineinander über bzw. passieren gleichzeitig. Das Ergebnis kann sich aber sehen lassen. Praktischerweise kann man auf diesen Kleinräucheröfen auch noch einen Grillaufsatz draufsetzen und erhält so ein Grillräuchergerät. Auch zum Kalträuchern sind diese speziellen Geräte geeignet. Dazu füllt man den Räuchermehlkasten jedoch nur ca. 5 cm hoch mit Räuchermehl und entzündet dieses mit nur einem Bierdeckel. Die Räucherzeit beträgt hier beim Kalträuchern ca. 6 bis 8 Stunden.

*Räucherschrank
mit elektrischer
Heizung
(mit Einlege-
und Einhängerost,
Fa. Grassl)*

*Räucherschrank mit externer
Raucherzeugung (Holzfeuerung, Fa. Grassl)*

*Einschubwagen für den
Räucherschrank*

Thermometer für den Räucherofen

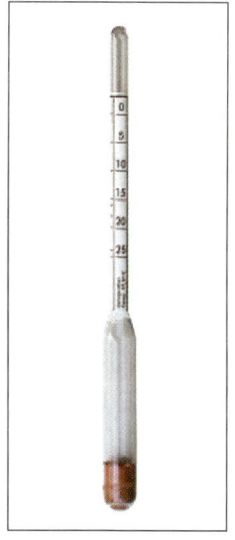

*Ärometer zum
Messen der
Salzkonzentration*

*Rauchabzugsklappe händisch regulierbar
(Fa. Grassl)*

Die Räuchertonne selbst gebaut

Die Räuchertonne läßt sich relativ einfach und ohne großen finanziellen Aufwand herstellen. Sie benötigen dazu ein leeres 200 l Faß aus Blech (es geht auch mit kleineren Fässern), einige Ziegelsteine, einige Metallstäbe und als Deckel einige Bretter und einen Jutesack.

Bevor Sie allerdings mit dem Bau eines eigenen Rächergerätes beginnen, sollten Sie sich darüber im Klaren sein, daß eventuell nicht alle Nachbarn damit einverstanden sind. Wenn man draußen am Land lebt, verursachen solche Rächergeräte meist kein Problem, in dichtbesiedeltem Gebiet kann man aber bisweilen schon Schwierigkeiten mit unfreundlichen Nachbarn bekommen. Um dem vorzubeugen, sollte man einige Fische mehr in den Ofen hängen, um später deren Gemüter wieder zu besänftigen. Aber Vorsicht, so was kann zur Gewohnheit werden, bei den Nachbarn – meine ich.

Also weiter beim Bau der Räuchertonne. Zuerst stemmen oder schneiden Sie den Deckel des Fasses zur Gänze heraus, die scharfen Blechränder sollte man unbedingt abfeilen bzw. entgraten, um spätere Schnittverletzungen zu vermeiden.

Ist das geschehen, beginnen Sie den Boden des Fasses aufzuschneiden bzw. aufzustemmen, am Boden genügt allerdings ein quadratischer Ausschnitt. Dieser sollte in etwa dem Fundament aus Ziegeln entsprechen, das Sie vorbereitet haben. Es ist die Feuerung für Ihre Räuchertonne. Sie sollte wenigstens aus drei übereinanderliegenden Ziegelreihen (am besten Klinker) bestehen, um genügend Abstand zu den später eingehängten Fischen zu gewährleisten. Eine Seite der Feuerung muß verschließbar bzw. zu öffnen sein, d.h. dort wird die Sauerstoffzufuhr geregelt. Das läßt sich mit dem Wegnehmen bzw. Hinzulegen der Ziegel auf einer Seite bewerkstelligen. Man kann aber auch in die Tonne selbst einen

Selbstgefertigte Räuchertonne (Finnland)

25

Ausschnitt schneiden und diesen mit einer Türe mit Scharnieren und Schloß versehen, dann funktioniert das Nachlegen von Holz einfacher.

Als Deckel dient, wie bereits erwähnt, ein alter, aber sauberer Kartoffel- oder Kohlensack aus Jute, der mit einigen passenden Brettern den Rauchabzug regelt. Je dichter Sie die Tonne mit dem Sack abdecken, desto weniger Zug entsteht.

Abhängig von der gewünschten Fischmenge, benötigen Sie jetzt noch einige Holz- oder Metallstäbe, auf die die Fische mit den Räucherhaken aufgehängt werden können. Sie können diese Stäbe einfach auf den Oberrand des Fasses auflegen oder auch Löcher kurz unterhalb des oberen Faßrandes bohren, um ein Verrutschen zu vermeiden. Wenn schon von Löchern die Rede ist, eines benötigen Sie noch für Ihr Thermometer, das im oberen Drittel der Räuchertonne (etwa in Höhe der Fische) angebracht werden sollte.

Aber Achtung! Bevor Sie das erste Mal Fische zum Räuchern in die Tonne hängen, müssen Sie einmal so richtig „Feuer im Ofen" machen, um ihn kräftig auszuglühen, brennbare Rückstände, vor allem aber die Lackierung würden den Geschmack Ihrer Fische sonst schwer beeinträchtigen. Manchmal entsteht dabei eine richtige Stichflamme und eine enorme Rauchentwicklung in Verbindung mit ziemlichem Gestank – aber nur beim ersten Mal.

Der Räuchervorgang in einer einfachen Räuchertonne

Dazu sollten Sie sich alle Dinge, die Sie später brauchen, gleich zurechtlegen. Dazu zählen: genügend Holz, Späne zum Entzünden aus Weichholz und Hartholz (Buche) zum Garen der Fische, für eine besonders schöne goldgelbe Färbung noch etwas Räuchermehl. Weiters, je nach Anzahl der eingehängten Fische, zwei Holzböcke, auch „Faulenzer" genannt, zum Aufhängen bzw. Auskühlen der fertig geräucherten Fische, ein Kübel mit Wasser, um das eventuell außer Kontrolle geratene Feuer wieder in den Griff zu bekommen. Schließlich ein wenig Bier, um den eigenen Flüssigkeitsverlust wieder auszugleichen. Jedenfalls sollten Sie gerade am Anfang ihrer „Räucherlaufbahn" eher in der Nähe der Räuchertonne bleiben, um auf „Unregelmäßigkeiten", die Temperatur betreffend (siehe Thermometer), sofort reagieren zu können.

Es beginnt mit dem Einheizen

Zuerst entfachen Sie ein mittleres Feuer, wie Sie es auch in einem normalen Holzofen machen würden. Erst wenn dieses Feuer ziemlich niedergebrannt ist, d.h. kaum mehr Flammen zu sehen sind, sondern eine kräftige Glut erkennbar ist, ist der richtige Zeitpunkt für das Einhängen der für das Räuchern vorbereiteten Fische gekommen; aber **Achtung:** Die Fische dürfen sich gegenseitig nicht berühren, da sie ansonsten unschöne Flecken bekommen.

Die Räuchertonne hat sich mittlerweile vollständig erwärmt. Nachdem die Fische nun eingehängt sind, wird der Deckel aufgesetzt, zur Erhöhung der Temperatur.

Der Garvorgang kann beginnen

Das bedeutet, die passenden Bretter werden auf den Deckel gelegt, so daß nur mehr ein kleiner Spalt für die Entlüftung und den Rauchabzug offen bleibt. Der eigentliche Garvorgang kann beginnen. Die Feuerungstür bleibt wenigstens anfangs noch geöffnet, um die erforderliche Temperatur zu halten. Auf die bestehende Glut wird nur noch maßvoll trockenes Hartholz aufgelegt.

Um eventuell vorhandene Keime abzutöten, sollte die Temperatur wenigstens für einige Minuten knapp über 100° C erreichen. Dann kann sie ruhig auf ca. 80° C absinken bzw. in diesem Bereich bleiben. Das Thermometer gibt verläßlich Auskunft über die gerade herrschende Innentemperatur.

Will man aber dann und wann prüfen, wie es den Fischen so geht, dann geben aufgespreizte Bauchlappen die richtige Temperatur an. Rollen sich die Ränder der Bauchlappen nach innen, so ist die Temperatur zu niedrig, wölben sie sich zu stark nach außen, so sollte die Temperatur im Ofen eher gesenkt werden. Gerade bei der Räuchertonne muß man aber wegen des geringen Abstandes von Feuerstelle und Fischen darauf achten, daß die Temperatur nicht zu hoch hinauf klettert.

Besonders gefährlich sind zu hohe Flammen, die die Fische verbrennen oder zum Aufplatzen der Haut führen können. Gerade bei Aalen führen zu hohe Temperaturen zu sogenannten Fettschwänzen. Das sind ballonförmig mit flüssigem Fett gefüllte Schwanzenden der Aale. Je nach Größe der Fische und der Höhe der Temperatur ist der Garungsprozeß nach ca. 25 bis 35 Min. abgeschlossen.

Der Rauch gibt die Farbe

Dann folgt das eigentliche Räuchern, d.h. das Färben der Fische. In der Räuchertonne genügen jetzt ca. 60° C Temperatur völlig. Die Luftzufuhr über die Feuerung wird nun vollständig gedrosselt, vorher legt man noch etwas Holz bzw. Räuchermehl auf die vorhandene Glut. Der Deckel mit dem Kartoffelsack wird nun auch so weit wie möglich dichtgemacht. Dadurch entsteht jetzt vermehrt Rauch, (es soll richtig qualmen), und weniger Hitze. Durch die starke Rauchentwicklung erhalten die Fische jetzt ihre schöne goldgelbe Färbung. Der Färbungsvorgang in der Räuchertonne dauert nochmals ca. 20 bis 30 Min.

Verzweifeln Sie bitte nicht, wenn das beim ersten oder zweiten Mal nicht so perfekt klappt. Je öfter die Räuchertonne benützt wird, desto schöner wird die Farbe der Fische.

Selbstbau von Räucheröfen

Grundsätzlich gibt es zahllose Möglichkeiten, selbst einen Räucherofen zu bauen. Räucheröfen können aus Holz, Metall und Ziegeln hergestellt werden. Holzräucheröfen haben den Vorteil einer guten Wärmeisolation und sind einfach zu bauen, gemauerte Öfen speichern die Hitze lange, benötigen aber längere Zeit zum Aufheizen. Räucheröfen aus Metall (z.B. alter Metallspind) sind relativ einfach zu bauen, haben aber den Nachteil, daß sie keine gute Wärmeisolierung besitzen. Trotz der Anleitung steht außer Frage, daß jeder beim Bau seines Räucherofens seiner Fantasie freien Lauf lassen kann.

Einige Grundvoraussetzungen müssen aber alle Räucheröfen aufweisen. Eine entsprechende **Feuerungsvorrichtung** (Feuerstelle, Feuerlade), wo die erforderliche Glut bzw. das am Anfang erforderliche Feuer gefahrlos entfacht und auch reguliert werden kann. Es gibt aber auch die Möglichkeit, die Hitze zum Garen der Fische bequem durch einen elektrischen Heizstab bzw. eine Heizspirale oder durch eine Gasfeuerung zu bewirken. Man bekommt diese „bequemen Hitzeerzeuger" im guten Fachhandel.

Ein **Abtropfblech**, das verhindert, daß von den Fischen herabtropfendes Fett direkt in die Glut tropft. Dort würde es verbrennen, und schädliche Stoffe im Rauch wären die Folge. Überdies verhindert das Abtropfblech auch, daß eventuell „abstürzende" Fische direkt in die Glut fallen, dort verbrennen und somit verloren sind.

Räucherofen, betoniert

Selbstgebauter Räucherofen mit externer Feuerung (siehe Skizze Seite 33)

Räucherofen, gemauert

Plan für den Selbstbau eines Räucherofens
(Inst. für Fischereibiologie, Scharfling)

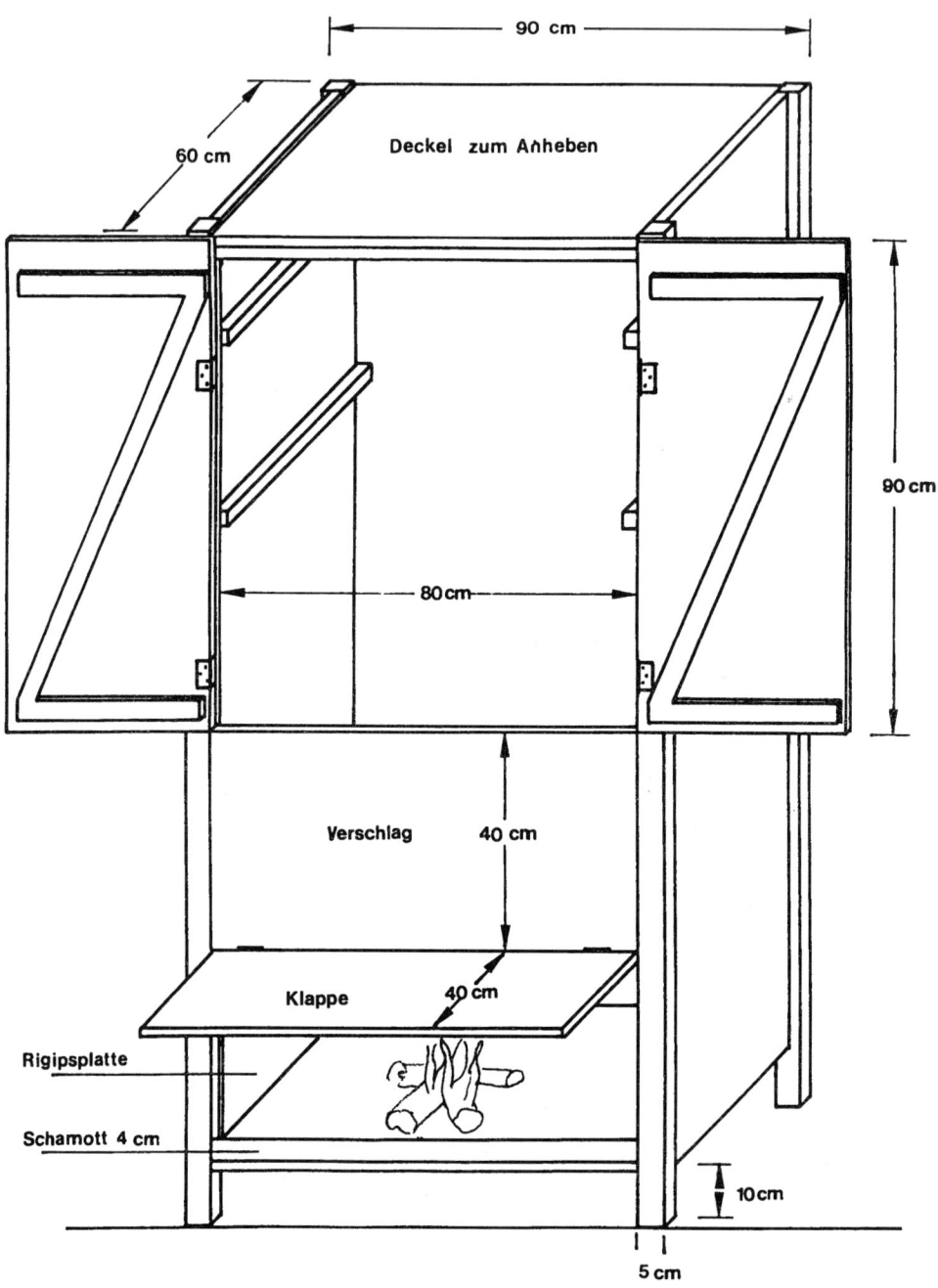

Plan für den Selbstbau eines gemauerten Räucherofens
(Inst. für Fischereibiologie, Scharfling)

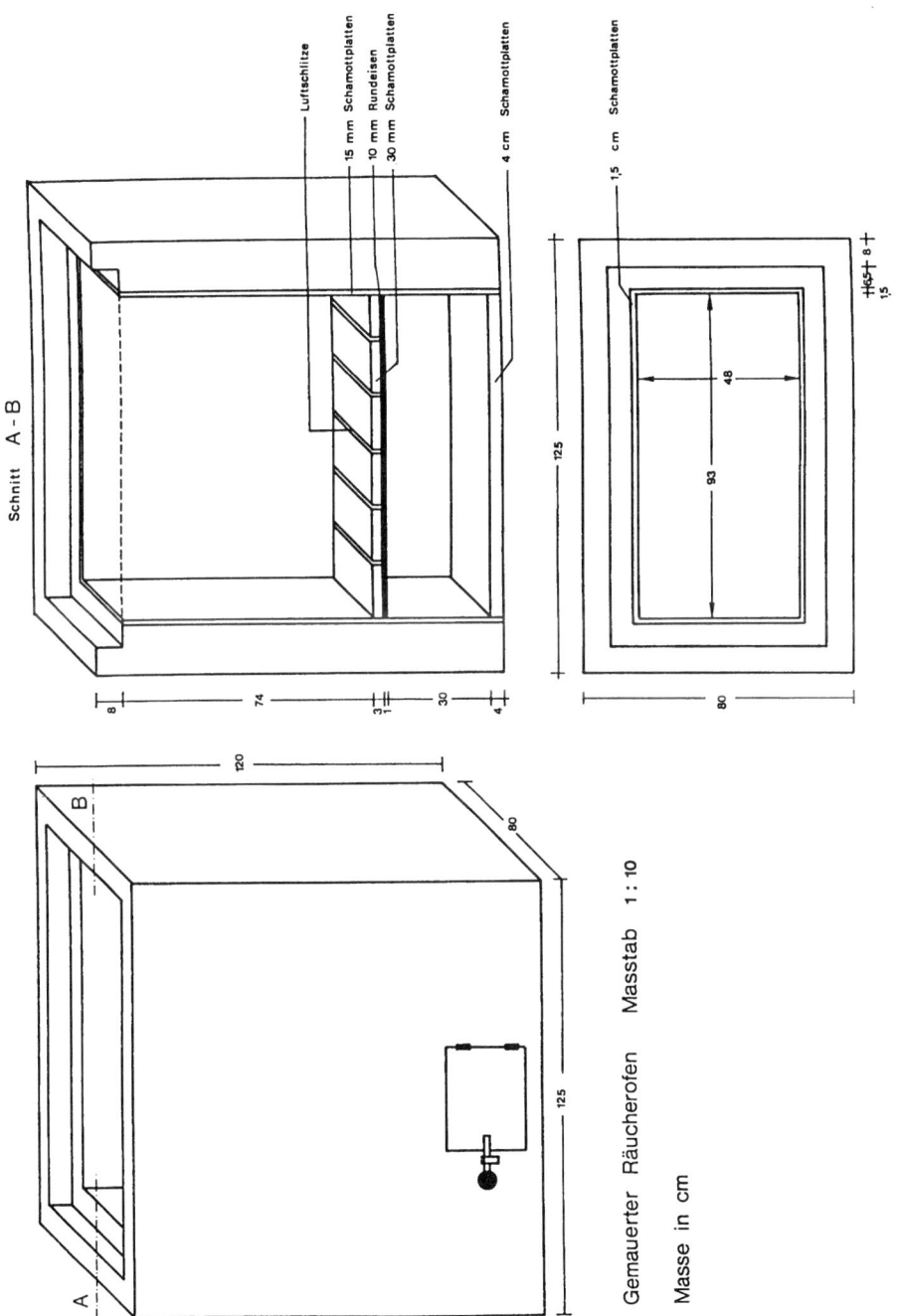

Schnitt A - B

Luftschlitze
15 mm Schamottplatten
10 mm Rundeisen
30 mm Schamottplatten
4 cm Schamottplatten
1,5 cm Schamottplatten

Gemauerter Räucherofen   Masstab 1 : 10

Masse in cm

Will man das Räuchermehl nicht einfach auf die Glut streuen, wo es relativ rasch verbrennt, so kann man unter dem Abtropfblech eine spezielle **Räuchermehltasse** vorsehen, in der das Räuchermehl verglimmt bzw. den färbenden Rauch erzeugt.

Im **Räucherkasten** selbst werden die Fische dann eingehängt oder auf speziellen Rosten aufgelegt. Die Größe des Räucherkastens richtet sich vor allem nach dem Bedarf.

Wie viele und wie große Fische sollen geräuchert werden?

Man kann den Räucherkasten für nur eine Etage bauen, günstig sind jedoch wenigstens zwei Etagen, um auch Aale (wegen ihrer Länge) sowie fallweise auch mehr Fische räuchern zu können. Nicht vergessen sollte man auch auf die Bohrung für das Thermometer, diese sollte im oberen Drittel des Räucherkastens durchgeführt werden.

Für das Einhängen mit Haken sind **Hakenstangen** aus Metall oder Holz erforderlich. Diese Stangen kann man einzeln einschieben, oder man faßt mehrere Stangen für jeweils eine Etage zusammen. Diese „Hakengitter" können sodann mit den bereits aufgehängten Fischen bequem in den Räucherkasten eingeschoben werden. Entsprechend der Dicke dieser Stangen müssen auch die Einhängebögen der Haken geformt werden. Zum Einschieben eventueller Roste (z.B. für Filets) sollte man an den Wänden des Räucherkastens Schienen vorsehen.

Entsprechende, möglichst **dichte Türen** müssen ein problemloses Beschicken und Entnehmen der Räucherware ermöglichen. Schließlich ist noch eine funktionelle **Rauchabzugsklappe** zum erfolgreichen Räuchern unerläßlich. Natürlich sind alle hier beschriebenen Zubehörteile im Fachhandel erhältlich, mit etwas Geschick kann man sie aber auch selbst anfertigen.

Pläne für einen Räucherofen aus Holz und Ziegel, (Inst. für Fischereibiologie, Scharfling) auf den Seiten 30 und 31.

Externer elektrischer Raucherzeuger

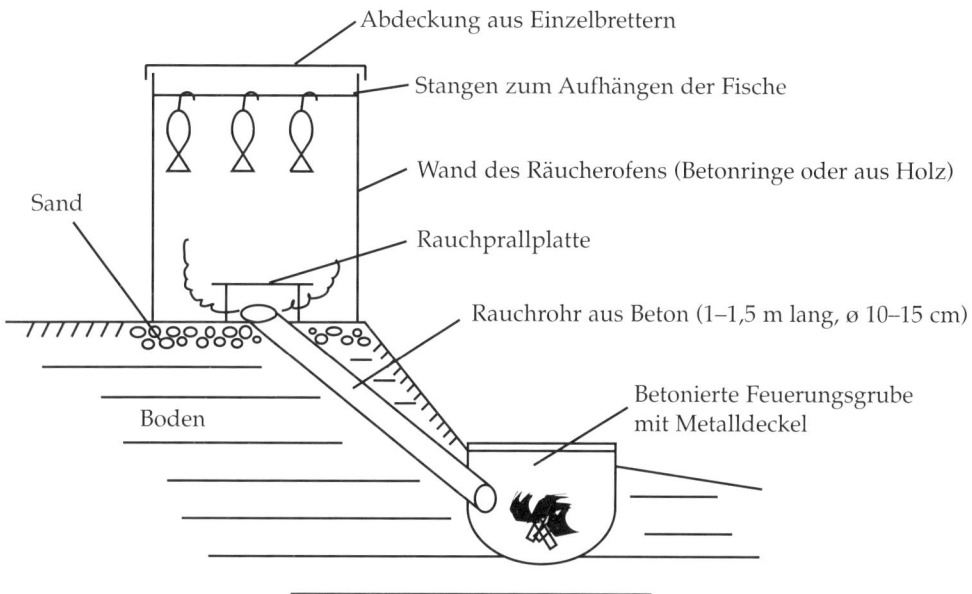

- Abdeckung aus Einzelbrettern
- Stangen zum Aufhängen der Fische
- Wand des Räucherofens (Betonringe oder aus Holz)
- Sand
- Rauchprallplatte
- Rauchrohr aus Beton (1–1,5 m lang, ø 10–15 cm)
- Boden
- Betonierte Feuerungsgrube mit Metalldeckel

Schema eines Räucherofens mit externer Feuerung zum Selberbauen,
für das Heiß- und Kalträuchern geeignet

Externe Raucherzeugung

Für das Kalträuchern im besonderen, aber auch für das Heißräuchern in größeren Räucherschränken eignen sich externe Raucherzeuger. Dabei kann man zwischen Holz- und Elektroraucherzeugern wählen. Die kostengünstigere Variante sind zweifellos Raucherzeuger, die mit Holz betrieben werden. Man kann sie relativ einfach selbst anfertigen. Sie werden aber auch recht preisgünstig im Handel angeboten.

Holzraucherzeuger funktionieren im Prinzip wie ein kleiner Holzofen, über ein Metallrohr wird der entstehende Rauch in die Räucherkammer oder den Räucherkasten geleitet. Es bedarf allerdings ständiger Aufsicht, um die Temperatur und die Rauchentwicklung zu regeln. Einfacher und bequemer sind da natürlich die elektrischen Raucherzeuger. Auf einer speziellen Rauchmehlschale wird das Räuchermehl entzündet und verraucht. Dieser Vorgang läuft gleichmäßig und kontrolliert ab. Der entstehende Rauch wird über ein Metallrohr in den angeschlossenen Räucherschrank geleitet. Die Länge dieses Rohres beeinflußt natürlich die Rauchtemperatur. Je länger das Rohr, desto kühler der Rauch.

Bei Großräucheranlagen gibt es spezielle Rauchkreislaufsysteme, die mit Umluftventilatoren betrieben werden und energiesparend bzw. umweltschonend arbeiten. Die Temperaturen in solchen Großräuchervorrichtungen werden aber elektrisch bzw. mit Gas erzeugt und elektronisch gesteuert.

WELCHE FISCHARTEN KANN MAN RÄUCHERN?

Zum Räuchern geeignete Süßwasserfische

Lachsartige

Alle Salmonidenarten, die bei uns vorkommen bzw. erhältlich sind, eignen sich hervorragend zum Räuchern. Am auffälligsten ist ihr „Markenzeichen" – die sogenannte Fettflosse, die sich zwischen Rücken und Schwanzflosse befindet und sie als Mitglieder der Lachsfamilie ausweist.

Forellen

Das sind z.B. die heimische **Bachforelle** und die aus Nordamerika eingebürgerte **Regenbogenforelle**. Beide Fischarten bekommt man heute im Handel bzw. aus der Fischzucht, aber auch als Wildfische, die mit der Angel gefangen werden, wobei die Regenbogenforelle den Löwenanteil bei den Zuchtfischen ausmacht. Grundsätzlich wird nur der Angelfischer wirklich Wildfische zum Räuchern zur Verfügung haben. Wenn Sie also nicht selber fischen gehen und Wildfische schätzen, sollten Sie sich um einen „Angelfreund" umsehen oder beim Berufsfischer vorbeischauen. Über Geschmack läßt sich streiten, fest steht, daß Zuchtfische im Regelfall ein etwas fetteres Fleisch als Wildfische haben. Dies wirkt sich beim Räuchern jedoch nicht negativ aus, im Gegenteil, die Fische bleiben saftiger. Beim Räuchern von Wildfischen muß man hingegen darauf achten, daß diese nicht zu trocken geraten.

Die **Seeforelle**, im Salzkammergut, also im Gebiet der großen Voralpenseen Oberösterreichs und der Steiermark, von den Einheimischen wegen ihres Aussehens übrigens als Lachsforelle bezeichnet, eignet sich ganz hervorragend zum Kalträuchern. Dabei sollte man aber beachten, daß dieser Fisch nur in einigen Alpen- bzw. Voralpenseen vorkommt und je nach Landesgesetz ein Mindestfangmaß von wenigstens 50 cm hat. Im Handel ist dieser Fisch nahezu nicht zu bekommen. Bei dieser Fischart handelt es sich um eine bodenständige Delikatesse, die man am ehesten beim Berufsfischer an den großen

Bach- und Seeforellen

Salzkammergutseen (Wolfgangsee, Attersee, Hallstätter See usw.) bekommt. Aber selbst dort muß man sich für diesen Fisch voranmelden.

Die **Lachsforelle** ist keine eigene Fischart, sondern eine „Erfindung" der Lebensmittelindustrie. Es handelt sich dabei um eine Regenbogenforelle, die bestimmte Voraussetzungen erfüllen muß. So muß sie z.B. ein Mindestgewicht von ca. 0,50 kg haben, ein rötliches Fleisch besitzen (wird durch Fütterung mit Karotinfutter erreicht) und einen bestimmten Fettanteil im Fleisch aufweisen. Eben dieses rötliche und saftige Fleisch macht diesen Fisch als Portionsfisch ideal zum Räuchern im Ganzen. Größere Lachsforellen sollte man filetieren und kalt räuchern, sie stehen dem atlantischen Farmlachs im Geschmack kaum nach.

Noch eine spezielle Zuchtform der Regenbogenforelle soll hier erwähnt werden, und zwar die **Goldforelle**, ihre goldgelbe Grundfärbung, die nur durch einen rötlichen Streifen entlang der Seitenlinie unterbrochen wird, macht sie zum Heißräuchern natürlich ideal. Auch wenn jemand noch kein „Räuchermeister" ist, die Goldforellen werden geräuchert immer eine ansprechende goldgelbe Färbung haben.

Der **Atlantische Lachs** ist wohl einer der bekanntesten Räucherfische überhaupt, die Wildbestände in Europa sind leider dramatisch zurückgegangen, etwas besser sieht die Sache mit den **Pazifischen Lachsen** in Alaska und Kanada aus. Tatsache ist jedenfalls, daß man bei uns im Handel fast ausschließlich Farmlachs aus Norwegen, Schottland und Schweden zu kaufen bekommt. Die Massenproduktion und in weiterer Folge der Konkurrenzkampf haben zur Folge, daß diese Fischart heute zu recht niedrigen Preisen erhältlich ist. Einen ganzen Farmlachs im Fischfachhandel zu kaufen, zu filetieren und anschließend selbst kalt zu räuchern, ist ein durchaus erschwingliches Vergnügen.

Ein sehr enger Lachsverwandter ist die **Meerforelle**, ein sehr wohlschmeckender Fisch, der sich natürlich auch hervorragend zum Kalträuchern eignet. Allerdings kommt man an Meerforellen in erster Linie als Angelfischer heran. Die Fische werden jedoch auch kommerziell mit Netzen gefangen, das ist aber auch gleichzeitig eine Hauptursache für den Rückgang dieser Fischart.

Saiblinge

Ganz ausgezeichnete Räucherfische sind auch unsere Saiblingsarten. Als besondere Delikatesse gilt der heimische **Seesaibling**, er kommt in den klaren, kühlen Voralpenseen Österreichs und Bayerns vor. Ein ausgesprochen schöner Fisch, mit oft leuchtend rotem Bauch und samtweißen Flossenrändern. Die Durschnittsgrößen liegen zwischen 25 und 35 cm, sein Fleisch ist außerordentlich zart und mager. Auch diesen Fisch muß man sich entweder selbst fangen oder beim Berufsfischer kaufen. Heißgeräuchert, ist er eine ganz besondere Delikatesse, allerdings muß man darauf achten, daß diese Fischart nicht zu lange und zu heiß geräuchert wird, da die Seesaiblinge sonst leicht zu trocken werden.

Aus Nordamerika stammt der **Bachsaibling**, er wird hauptsächlich in Fischzuchten zur Speisefischproduktion gehalten. In Freigewässern wächst er meist schlecht und verdrängt durch sein aggressives Verhalten heimische Fischarten, wie die Bachforelle oder den Seesaibling. Als Speisefisch hat er aber durchaus seine Berechtigung, sein Fleisch ist zart und wohlschmeckend, sein Aussehen recht ansprechend. Ein auffallend marmorierter Rücken, ein oft orangegelber Bauch und weiß-schwarz gesäumte Flossenränder machen diesen Fisch unverwechselbar. Heißgeräuchert schmeckt er ausgezeichnet.

Der Idealfall (zum Räuchern) unter den Saiblingen ist aber der **Elsässer Saibling**, es handelt sich dabei um eine meist unfruchtbare Kreuzung zwischen See- und Bachsaibling. Diese Zuchtform eignet sich ideal zum Räuchern, da sich der Elsässer Saibling durch ein ausgesprochen saftiges und zartes

Fleisch auszeichnet. Außerdem fallen bei dieser Fischart die Probleme hinsichtlich verschiedener Pilzerkrankungen beim Erreichen der Geschlechtsreife, wie dies z.B. beim Bachsaibling der Fall ist, weg.

Wenn wir schon bei den Kreuzungen von Fischen sind, so möchte ich noch den **Tigerfisch** erwähnen, er ist eine Kreuzung zwischen Bachforelle und Bachsaibling und zeichnet sich durch ein recht attraktives Aussehen aus. Auch er eignet sich sehr gut zum Heißräuchern.

Renken

Gäbe es eine Rangliste der Räucherfischarten, und würde es nach mir gehen, so stünden die **Renken** wohl ziemlich an der Spitze. Die Coregonen (Renken, Reinanken, Felchen, Blaufelchen, Sandfelchen, Maränen, Riedlinge usw.) eignen sich ganz besonders zum Heißräuchern. Ihr silbriges Schuppenkleid färbt sich beim Räuchervorgang in ein helles Gold. Ihr festes, saftiges Fleisch ist im Vergleich zu unseren Forellen etwas fettreicher, und genau dieser Umstand wirkt sich auf den Geschmack recht günstig aus. Frisch gefangene Renken riechen übrigens nach geschnittenen Gurken. Während man **Blaufelchen** und kleinere Maränen, also Fische in üblicher Speisefischgröße, im Ganzen heiß räuchern sollte, kann man z.B. große **Maränen** filetieren und kalt räuchern.

Die kleinen **Riedlinge** hingegen – sie kommen übrigens nur am Traunsee vor und werden kaum größer als 15/20 cm – sollte man ganz vorsichtig und nicht zu heiß räuchern. Auch beim Einsalzen dieser Fischart muß man behutsam vorgehen, da man die kleinen Fische leicht versalzen kann. Sie gehören mit Sicherheit zu den absoluten Delikatessen unter den Räucherfischen.

Äsche

Auch die **Äsche** soll hier nicht unerwähnt bleiben, sie besitzt – frisch gefangen – übrigens einen ausgeprägten Thymiangeruch. Ihr Fleisch ist fest und schmeckt heißgeräuchert ausgezeichnet, man sieht sich nur vor das Problem gestellt, daß diese Fischart kaum wo erhältlich ist. Früher zählte sie zu den häufigen Flußfischen, sogar die sogenannte Äschenregion wurde nach ihr benannt, es handelt sich dabei um kühle, sauerstoffreiche Flüsse und Bäche des Voralpenlandes. Heute ist die Äsche vielerorts in ihrem Bestand bedroht, weil fischfressende Vögel, wie z.B. die Kormorane, ihre Bestände nahezu ausgelöscht haben. Angelfischer, die heute noch Äschen fangen, setzen diese meistens aus Schonungsgründen wieder zurück.

Renken: geräuchert, ungeschuppt, geschuppt

Huchen

Der Vollständigkeit halber sei hier auch noch der **Huchen** (Donaulachs) erwähnt, er wird sicherlich nur in Ausnahmefällen in der Räucherkammer landen. Dann sollte man ihn aber wie einen Lachs kalt räuchern. Klarerweise gehört ein kaltgeräucherter Huchen zu den absoluten Delikatessen, die man bekommen kann. Kurz zusammengefaßt: sehr gut, aber auch recht selten.

Karpfenartige

Aber nicht nur die angeführten Salmoniden eignen sich sehr gut als Räucherfische. Unser heimischer **Karpfen** hat ein recht saftiges und, wenn er nicht zu groß ist, auch ein durchaus zartes Fleisch. Ist die Herkunft der Karpfen nicht bekannt, sollte man sie nach Möglichkeit einige Tage auswässern (in sauberem, fließendem Wasser kältern). Dies ist vor allem dann angezeigt, wenn die Karpfen aus schlammigen und seichten Teichen stammen. Kommen sie aus Freigewässern, sprich Seen und Flüssen mit sauberem Wasser, schmecken selbst große Exemplare hervorragend.

Die meisten von uns verbinden mit dem Karpfen Weihnachten, doch es lohnt sich durchaus, diesen Fisch auch ohne besonderen Anlaß zu essen. In Tranchen (Koteletts) geschnitten oder filetiert, schmeckt unser Karpfen heißgeräuchert während der ganzen Saison. Diese Fischart kann man durchaus kräftiger würzen als z.B. die Salmoniden. Knoblauch und Paprika verleihen dem Karpfen den würzigen Geschmack. Am besten schmeckt er aber nur gesalzen und kalt gegessen. Kauft man den Karpfen beim Fischhändler, wird er hauptsächlich im Spätherbst und Winter erhältlich sein, da die Karpfenteiche im Normalfall nur im Herbst abgefischt werden. Die Angelfischer haben es da schon wesentlich besser, sie fangen ihre Karpfen, abgesehen von der Schonzeit (meist im Mai), das ganze Jahr über. Gerade größere Karpfen sind im Kochtopf oft nicht so gerne gesehen. Geräuchert sind diese Fische aber eine Besonderheit für Feinschmecker.

Ähnliches gilt auch für die **Schleie**, eine nahe Verwandte des Karpfens. Ihr Fleisch ist etwas trockener als das des Karpfens, daher sollte man Schleien erst ab ca. 1 kg filetieren, ansonsten werden die Filets beim Räuchern zu trocken. Unter diesem Gewicht kann man Schleien problemlos im Ganzen räuchern. Auch bei der Schleie braucht man nicht mit Gewürzen zu sparen. Schleien erhält man beim Berufsfischer, Teichwirt oder bei manchen Fischzüchtern. Gut haben es da natürlich wieder die Angelfischer, sie fangen sich ihre Schleien natürlich selbst.

Eine weitere Verwandte des Karpfens ist die **Brachse**, ein hochrückiger, seitlich zusammengedrückter Fisch, der im Vergleich zu den bisher vorgestellten Fischarten relativ viele Gräten besitzt. Oft wird diese Fischart in Massen gefangen, und für viele Fischer ist das Räuchern die einzige Möglichkeit, wie dieser Fisch zu essen bzw. zu vermarkten ist. Die vielen Zwischenmuskelgräten im Rückenbereich sind beim Verzehr allerdings unangenehm, die Bauchseiten hingegen sind problemlos zu essen. Das Fleisch der Brachse ist zart und mager. Entsprechend gewürzt, gilt es in manchen Gegenden sogar als Delikatesse. Aus geräucherten Brachsen und auch aus anderen „Weißfischen" lassen sich übrigens ganz ausgezeichnete Räucherfischaufstriche und Räucherfischlaibchen herstellen, der Fleischwolf beseitigt das Problem mit den Gräten (siehe Rezeptteil).

Hier alle karpfenartigen Fische aufzuzählen, ist unmöglich und auch sinnlos, einige Arten, wie der **Döbel** (Aitel), das **Rotauge**, die **Barbe**, die **Nase**, die **Rußnase**, eignen sich ähnlich wie die Brachse ganz gut zum Räuchern. Man sollte diese Fischarten aber entsprechend würzen. Wer sich an den verhältnismäßig zahlreichen Gräten nicht stört, kann aus diesen Fischen tolle Räucherspezialitäten zaubern. Das ist um so interessanter, als gerade diese Fischarten

oft als „minderwertig" bezeichnet werden, was sicherlich nicht zutrifft. Es ist vielmehr eine Frage der Zubereitung.

In den letzten Jahrzehnten wurden verschiedene karpfenartige Fische aus China nach Europa eingeführt. Es handelt sich dabei hauptsächlich um den sogenannten **Graskarpfen** (Amur) und den **Silberkarpfen** (Silberamur). Diese Fische erreichen relativ rasch beachtliche Größen und sind ausgezeichnete Speisefische. Ihr eher fettarmes Fleisch ist sehr schmackhaft. Geräuchert, d.h. in Tranchen geschnitten oder filetiert, sind diese Fischarten eine Feinheit, die sich noch nicht überall herumgesprochen hat. Der Fantasie des jeweiligen „Räuchermeisters" sind sowohl bei den zuvor beschriebenen Weißfischarten (Karpfenartigen) als auch bei Silberkarpfen und Amur keine Grenzen gesetzt.

Welse

Als besondere Delikatesse gilt der **Waller** (Wels), sein Fleisch ist eher fett und recht deftig im Geschmack. Kaltgeräucherte Welsfilets gehören zu den absoluten Spitzengenüssen unserer heimischen Fischküche. Da der Wels relativ großwüchsig ist, ist das Räuchern von Filets bei dieser Fischart geradezu ideal. Ausreichendes Einsalzen (Einsuren) ist wegen des eher hohen Fettgehaltes bei dieser Fischart aber zu empfehlen. Waller sind heute meist schon im Fischgeschäft erhältlich, manchmal beim Berufsfischer und im Herbst, wenn die Teiche abgefischt werden, auch beim Teichwirt.

Barschartige und Hechte

Bekannt gute Speisefische sind **Hecht**, **Barsch** und **Zander**; ihr Fleisch schmeckt ausgezeichnet, aber beim Räuchern geraten diese Fischarten leicht zu trocken. Das gilt besonders für die Filets dieser Fische. Wer es aber versteht, diese Fischarten entsprechend vorsichtig zu behandeln, zaubert daraus ganz besondere Delikatessen.

Dorschartige

Zu den dorschartigen Fischen im Süßwasser gehört die **Aalrutte**, ein nachtaktiver Fisch, der in den großen Voralpenseen und in einigen sauberen kühlen Flüssen vorkommt. Ihr Fleisch ist wie das des Dorsches zart und kernig, also ausgezeichnet zum Räuchern geeignet. Meist werden diese Fische, die übrigens in keiner Weise mit dem Aal verwandt sind, in der kalten Jahreszeit gefangen. Als besonders delikat gilt die große Leber der Aalrutten.

Aale

Einer der bekanntesten „Räucherfische" ist natürlich der **Flußaal** (im Gegensatz zum Meeraal oder Conger), sein fettreiches Fleisch schmeckt entsprechend gewürzt und heiß geräuchert ausgezeichnet. Am allerbesten schmecken meiner Ansicht nach kleinere Aale, sie sind nicht so fett wie ihre großen Artgenossen. Man unterscheidet beim Aal den sogenannten Gelbaal (Freßstadium, gelber Bauch, grüner Rücken, kleine Augen) und den sogenannten Blankaal (abwandernder, fast geschlechtsreifer Aal mit weißem Bauch und schwarzgrauem Rücken bzw. auffallend großen Augen), weiters den Breitkopfaal (meist Weibchen) und den Spitzkopfaal (meist Männchen). Fischfett im allgemeinen und das Fett des Aales im besonderen gelten als sehr gesund, da sie mehrfach ungesättigte Fettsäuren und verschiedenste Vitamine enthalten.

Störartige

Immer mehr in „Mode" kommen in den letzten Jahren auch die verschiedensten störartigen Fische, wie **Sterlet, Waxdick, Stör, Hausen** usw. Diese Fische haben ein festes, nahezu grätenloses Fleisch, das geräuchert ganz ausgezeichnet schmeckt. Wegen der Größe, die diese Fischarten zumeist haben, sollte man sie am besten in Tranchen schneiden und die Stücke räuchern. Diese Fische sind heute schon im gut sortierten Fischfachgeschäft sowie bei zeitgemäßen Fischzüchtern erhältlich.

Zum Räuchern geeignete Meeresfische

Dorsch und Dorschartige

Der **Dorsch** oder **Kabeljau** spielt unter den Speisefischen aus dem Meer eine bedeutende Rolle, sein eher mageres und zartes Fleisch erfreut sich geräuchert sehr großer Beliebtheit. Als besondere Delikatesse gilt die überdurchschnittlich große Leber, die bei allen dorschartigen Fischen zu finden ist. Als besondere äußere Merkmale besitzen sie einen Bartfaden am Unterkiefer und eine auffällig helle und gut sichtbare Seitenlinie.

Als Räucherfische aus der „Dorschfamilie" eignen sich außerdem noch der **Köhler**, der oft fälschlicherweise als Seelachs bezeichnet wird, der **Wittling**, ein eher kleiner Vertreter dieser Familie, und der **Leng**, ein großwüchsiger Raubfisch mit langgestrecktem Körper.

Makrelen

Ein deutlich fetteres Fleisch als die Dorsche hat die Makrele. Sie ist ein Schwarmfisch, der in der Fischindustrie ebenso wie die Dorschartigen eine wichtige Rolle spielt. Ihr deftiges Fleisch ist im geräucherten Zustand eine Feinheit. Übrigens werden Meeresfische, wie z.B. Dorsch, Köhler, Leng, Makrele, Flunder usw. zunehmend von Angelfischern gefangen, die sich ihre Beute gleich am Kutter entsprechend für die Heimreise vorbereiten (Ausnehmen und Filetieren) und die Fische dann zu Hause räuchern.

Plattfische

Eine besondere Delikatesse sind die verschiedenen Plattfischarten. Sei es nun die eher kleine Flunder, die problemlos im Ganzen zu räuchern ist, oder der teilweise riesige Heilbutt, den man natürlich in Stücken räuchern muß. Das Besondere an diesen Fischen ist ihr sehr saftiges und beinahe grätenloses Fleisch.

Sonstige Meeresfische

Viele Meeresfische eignen sich ebenso gut zum Räuchern – z.B. am Urlaubsort beim Camping im Tischräuchergerät.

Die berühmten „Schillerlocken" sind die Bauchlappen vom Dornhai, die in dünne Streifen geschnitten wurden. Das Fleisch von verschiedensten Haiarten wird ebenso wie das Fleisch vom Thunfisch in der Fischindustrie zu ausgezeichneter Räucherware verarbeitet.

DAS VORBEREITEN DER FISCHE – TÖTEN, SCHLACHTEN, ENTSCHLEIMEN

Die im folgenden angeführten Empfehlungen gelten für Privatpersonen sowie den Eigengebrauch und -verbrauch. Für gewerbliche Betriebe gelten spezielle lebensmittelrechtliche Vorschriften. Kauft man sich Fische zum Räuchern im Handel oder beim Berufsfischer, so sind diese im Normalfall ordentlich ausgenommen, gereinigt und natürlich frisch. Fische zum Räuchern sollten aber nicht abgeschuppt sein, dies gilt z.B. für Renken (Felchen), verschiedenste karpfenartige Fische, wie Döbel, Barben, Rotaugen, Nasen usw. Würde man bei diesen großschuppigen Fischen die Schuppen entfernen, so entstünde beim Auskühlen nach dem Räuchervorgang meist eine unschöne Schrumpelhaut. Kauft man die Fische lebend oder unausgenommen, so kommt man um ein entsprechend korrektes Töten und sauberes Entschleimen bzw. Ausnehmen nicht herum.

Korrektes Töten

Viele Feinschmecker fangen sich ihre Fische selbst, und dabei sollte man bei der Verarbeitung und Vorbereitung einiges beachten. Bereits das Töten der gefangenen Fische sollte professionell geschehen. Tierschutzgesetz beachten! Mit einem massiven Fischtöter (alter Hammerstiel oder ein passendes Aststück) schlägt man dem Fisch unmittelbar hinter den Augen kräftig auf den Kopf. Dabei werden kleinere bis mittlere Fische bereits getötet, größere zumindest ordentlich betäubt. Bei größeren Fischen sollte man dann nach dem Betäuben noch einen Herzstich setzen. Dazu sticht man mit einem scharfen, spitzen Messer kurz ober-

Fachgerechtes Töten des Fisches

halb der Brustflossen ein, bis dunkelrotes Blut austritt. Für die Angelfischer unter den Lesern ist das korrekte Töten der Fische ohnedies eine Selbstverständlichkeit.

Aale

Problematischer ist das Töten und Entschleimen allerdings bei Aalen, sie sind naturgemäß schwer zu fassen und erst recht nicht einfach zu töten. Ideal für das Töten dieser Fischart (und nicht nur dieser) ist ein elektrisches Tötungsgerät. Im Handel werden entsprechende Geräte für Groß- und Kleinverbraucher angeboten. Keinesfalls sollte man versuchen, solche Vorrichtungen selbst zu basteln! Übrigens kann man durch die Zugabe von etwas Salz die Leitfähigkeit des Wassers im Tötungsbecken erhöhen und somit die Effektivität steigern.

Hat man aber kein elektrisches Tötungsgerät zur Verfügung, so muß man die Aale mit anderen Methoden töten. Das herkömmliche „Abschlagen", wie bei anderen Fischen üblich, ist beim Aal völlig ungeeignet und nicht zielführend. Ja, es wäre sogar Tierquälerei. Mit einem tiefen Schnitt im Kopfbereich, der bis an die Wirbelsäule reicht, tötet man den Aal ebenfalls nicht wirklich rasch, außerdem eignen sich diese Fische dann nur mehr bedingt zum Aufhängen in der Räucherkammer.

Zur raschen Tötung dieser Fischart hat sich folgende Methode bewährt: Man verwendet ein gut verschließbares Gefäß (Eimer mit passendem Deckel), in das ein Gemisch aus Wasser und Salmiakgeist gegeben wird. Verhältnis 1 : 50, das Verhältnis Fische und Lösung sollte ca. 1:1 sein, dabei darf kein Leerraum (Luftblase) unter dem Deckel verbleiben, denn das würde den Tötungsvorgang unnötig verlängern. In dieser Lösung sterben die Aale nach anfänglicher kurzer Zurwehrsetzung rasch. Der Salmiak hat zudem den entscheidenden Vorteil, daß die Aale gleich entschleimt werden. Wichtig ist hierbei allerdings, daß man die Fische nach dem Entschleimen gründlich mit Wasser abspült, um den intensiven Geruch des Salmiakgeistes vollständig zu beseitigen.

Plattfische

Für Plattfische (Schollen, Kliesschen, Flundern usw.) gilt, betreffend die geeignetste Tötungsmethode: Man sollte sie durch einen schnellen Kehlschnitt töten, den Kopf abtrennen, die Eingeweide herausnehmen und – wie auch beim Aal – nicht sinnlos auf dem Kopf herumschlagen.

Entschleimen

Die getöteten Fische müssen nun entschleimt werden, um später unschöne graue Flecken an den fertig geräucherten Fischen zu vermeiden. Bei Fischen mit stärkerer Schleimschicht, wie z.B. Schleien, Brachsen, Welsen und manchen Saiblingen und Forellen aus Zuchten, läßt sich die Schleimschicht recht einfach durch ein kurzes Bad in einer Lösung mit Salmiakgeist entfernen. Das Verhältnis Wasser zu Salmiakgeist sollte dabei ca. 150 : 1 betragen. Bei kleineren Fischmengen kann man den Schleim auch durch kräftiges Einreiben mit Salz und anschließendes Abspülen vor dem Einsuren entfernen.

Bei Fischen, die grundsätzlich weniger Schleim aufweisen, wie z.B. Renken, Karpfen oder die meisten Meeresfische, entfernt man diesen beim Abspülen oder Abwaschen nach dem Einsalzen ohne Probleme.

Richtiges Ausnehmen

Das saubere Ausnehmen der getöteten Fische ist eine Grundvoraussetzung, um später einwandfreie Räucherware zu erhalten. Ist der Fisch nun fachgerecht getötet, beginnt man üblicherweise vom Waidloch (Afteröffnung) her, die Bauchhöhle zu öffnen, der Schnitt muß zwischen den Bauchflossen hindurch bis zwischen die Brustflossen geführt werden (siehe Fotos). Dazu ist ein scharfes Messer mit eher kurzer Klinge erforderlich, achten Sie darauf, mit der Messerspitze nicht zu tief in den Bauchraum einzudringen. Man würde dabei innere Organe, wie den Darm, den Magen und vor allem die Galle, verletzen und somit bereits beim Öffnen der Leibeshöhle das Fischfleisch verunreinigen. Die Galle sitzt übrigens direkt an der Leber und enthält eine gelbgrüne Flüssigkeit. Verletzt man die Gallenblase, so tritt diese Flüssigkeit aus und verunreinigt die Leibeshöhle des Fisches. Sofortiges gründliches Auswaschen mit fließendem Wasser ist erforderlich, um den bitteren Geschmack der Gallenflüssigkeit wieder vom Fischfleisch zu entfernen.

Ist nun die Leibeshöhle zur Gänze geöffnet, so entfernt man den gesamten Magen-Darm-Trakt inkl. der Gonaden (Eier oder Milchstränge) und trennt dazu mit dem Messer gleich den Schlund ab. Recht sinnvoll, wenn auch nicht zwingend erforderlich, ist auch das Entfernen der Kiemenbögen. Die stark durchbluteten Kiemen bilden einen idealen Nährboden für Bakterien und andere zersetzende Mikroorganismen. Daher auch das Sprichwort „der Fisch beginnt am Kopf zu stinken". Außerdem tritt während des Räuchervorganges ein rot-

Das Ausnehmen	*Sauber ausgenommener Fisch*

bräunlicher Saft (Blut und Salzlake) aus den Kiemen, der entlang der Seiten bis zum Schwanz hinunter rinnt und so unschöne Streifen bildet. Entfernt man die Kiemen nicht, so sollte man sie vor dem Einsuren jedenfalls gut unter fließendem Wasser ausspülen, um die Blutreste zu entfernen. Ganz wichtig ist auch das Entfernen der Niere, das ist jener dunkelrote Strang, der entlang des Rückgrates liegt. Die Niere entfaltet, ähnlich wie die Galle, einen bitteren Geschmack und muß mittels einer kleinen, aber kräftigen Bürste oder des Daumennagels gründlich entfernt werden. Zu ihrem Entfernen eignet sich übrigens auch das Griffstück eines Blechkapselhebers (Bieröffner). Die Niere hat im Kopfbereich eine deutliche Verdickung, auch dieser Bereich muß natürlich entfernt werden.

Eine Besonderheit finden wir beim Aal: Bei diesem Fisch setzt sich die Niere auch nach dem Ende der Leibeshöhle noch fort. Das bedeutet, daß man nach dem Waidloch noch einige Zentimeter weiter schneiden muß, und zwar bis hinunter zur Wirbelsäule, dort wird der Schwanznierenpfropfen sichtbar und kann entfernt werden.

Achtung! Aalblut ist giftig und verursacht beim Kontakt mit Wunden böse Entzündungen. Achten Sie also auf kleine Schnittverletzungen an Ihren Händen, wenn Sie Aale ausnehmen! Dieses Gift wird allerdings durch die Wärmeeinwirkung beim Garvorgang unschädlich gemacht.

DAS RICHTIGE WÜRZEN, EINSUREN, VORBE-HANDELN DER FISCHE

Ganz entscheidend für den Erfolg – sprich den guten Geschmack der Räucherfische – ist das entsprechende Einsalzen, auch Einsuren genannt. Es muß klar sein, daß der Vorgang des Salzens vor dem Räuchern abgeschlossen sein muß, ein Nachsalzen, wie das z.B. bei einem gekochten Fisch möglich ist, ist bei Räucherfischen nicht möglich. Grundsätzlich gibt es dafür zwei Arten: das sogenannte **Trockensalzen** und das **Naßsalzen**. Verwenden sollte man ausschließlich Speisesalz oder fertige Räucherlaugen, die mit verschiedensten Kräutern und Gewürzen angereichert sind.

Trockensalzen

Diese Methode hat den Vorteil, daß man die Fische relativ rasch, meist schon nach 1,5 bis 2 Stunden in den Räucherschrank hängen kann. Allerdings ist die Dauer des Einsalzens von der Größe der Fische abhängig. Außerdem zieht das Salz bei vorher tiefgefrorenen Fischen deutlich schneller ein als bei fangfrischen. Beim Trockensalzen ist allerdings ein gleichmäßiges Durchziehen des Salzes nicht immer gewährleistet.

Bei dieser Methode werden die Fische einzeln von Hand mit Speisesalz eingerieben. Wichtig ist dabei, daß nicht nur die Außenseiten der Fische, sondern auch die Bauchhöhlen entsprechend mit Salz behandelt werden. Recht zweckmäßig sind bei dieser Arbeit dünne Latexhandschuhe, wie sie z.B. in Apotheken erhältlich sind. Damit kann man seine Haut ganz erheblich schonen – dies ist vor allem bei empfindlicher Haut und größeren Fischmengen angebracht.

Die mit Salz eingeriebenen Fische werden beim Trockensalzen schichtweise in ein Kunststoffgefäß gelegt. Nach Möglichkeit sollten die Fische gegengleich, also Kopf zu Schwanz, gelegt werden, um eine gleichmäßige Verteilung zu erzielen. Günstig zum Trockensalzen sind Kunstoffgefäße, die am Boden einige kleine Löcher besitzen, da sich bei mehreren Fischlagen am Boden gerne eine hochkonzentrierte Salzlösung bildet. Die unterste Schicht der Fische würde dann ziemlich versalzen. Durch die Löcher im Boden kann diese Salzlösung jedoch ablaufen.

Naßsalzen, Würzen in Salzlake bzw. Räucherlauge

Dieser Vorgang dauert entweder rund 10 bis 12 Stunden oder 2 bis 3 Stunden – je nach Salzkonzentration. Das Naßsalzverfahren bietet gegenüber der Trockensalzmethode erhebliche Vorteile. Einerseits ist in der Salzlake eine recht gleichmäßige Verteilung der Fische und der Würzmittel gewährleistet, andererseits ist das Naßsalzverfahren viel effizienter als das Trockensalzen. Auch hier gilt: Vorher tiefgefrorene Fische nehmen die Salzlake schneller und intensiver an als fangfrische. Das wirkt sich vor allem bei der Dauer des „Einsurens" aus. Bei tiefgefrorenen Fischen sollte man auch darauf achten, daß im Bauchraum kein Eis verbleibt, sonst ist keine gleichmäßige Verteilung des Salzes gegeben. Dies passiert am ehesten bei Fischen, die vor dem Einsuren noch nicht zur Gänze aufgetaut waren.

Das richtige Verhältnis

Man geht im Normalfall, bei Forellen oder Renken in Speisefischgröße, also mit 250 bis 300 g, von ca. 10 bis 12 Stunden aus. Vorher tiefgefrorene Fische benötigen je nach Größe 2 bis 3 Stunden weniger Zeit in der Salzlake. Diese Zeitangaben beziehen sich auf ein Wasser-Salz-Verhältnis von ca. 80 bis 100 Gramm Salz auf je 1 Liter Wasser.

Es gibt aber noch eine andere Möglichkeit: Man gibt einer bestimmten Menge Wasser solange Salz zu, bis die Lösung gesättigt ist. Dies erkennt man leicht daran, daß ein rohes Ei oder eine Kartoffel, die man vorher ins Wasser gelegt hat, aufschwimmt.

Wer jedoch öfter räuchert, sollte sich einen Ärometer (Sudmesser) zulegen; mit diesem Meßgerät kann man ganz einfach und jederzeit die Salzkonzentration feststellen. Bei einer gesättigten Salzlösung hat man dann ca. 30 % Sättigung. In der gesättigten Salzlösung sollen die Fische aber nur ca. 2 bis 3 Stunden eingelegt werden.

Wichtig ist, daß die Fische von der Salzlake zur Gänze bedeckt sind, bzw., daß genügend Salzlake vorbereitet wird. Als Faustregel kann gelten: 10 kg Fisch, 15 l Wasser. Diese Angaben sind Richtwerte, jeder wird im Laufe der Zeit seine eigenen Berechnungen betreffend Konzentration und Dauer anstellen, die, abgestimmt auf Fischart, Fischgröße und vor allem Geschmack, für ihn ideal erscheinen.

In jedem Falle sollte man die Fische aber nach dem Herausnehmen aus der Lake oder aus der Trockensalzung mit Trinkwasser abspülen, dabei sollte man

Beim Trockensalzen muß auch die Bauchhöhle eingerieben werden! (Renken)

Naßsalzen: Die Fische sollten von der Salzlake bedeckt sein

In Gewürzmischung (Räucherlauge) eingesurte Fische

das Schuppenkleid bei empfindlichen Fischen, wie z.B. Renken, aber nicht zu sehr verletzen. Erfolgt keine Abspülung, so entstehen unschöne Krusten auf der Fischhaut und die Fische schmecken sehr salzig.

Marinaden, Gewürzmischungen

Viele Fischarten besitzen ein typisches, arteigenes Aroma, wie z.B. Äsche, Renke, Forelle, Hecht oder Aal. Dieser Eigengeschmack sollte durch das Würzen nicht zu sehr verfälscht bzw. überdeckt werden; bei den meisten Arten genügt das Einsalzen.

Andere Fischarten, besonders die Weißfische, weisen keinen so ausgepägten artspezifischen Geschmack auf. Dort bietet sich natürlich eine Verfeinerung mit diversen Küchenkräutern bzw. Gewürzmischungen an. Dabei sind der Fantasie kaum Grenzen gesetzt. Würzen ist eine Erfahrungssache, und mit der Zeit wird jeder sein ganz persönliches Rezept für den unverwechselbar guten Geschmack seiner Räucherfische entwickeln. Zum Würzen eignen

sich fast alle Küchengewürze, so etwa Wacholder, Thymian, Basilikum, Knoblauch, Zwiebel, Paprika, Curry usw., die beim Salzen beigefügt werden können. Es bieten sich also zahlreiche Geschmacksvariationen zum Ausprobieren an. Natürlich gibt es aber auch fertige Gewürzmischungen zum Verfeinern unseres Räucherfisches. Ausgezeichnete fertige Gewürzmischungen erhält man z.B. bei der Fa. Grassl, der Fa. Feldmann und der Fa. Jenzi.

DAS AUFHÄNGEN DER FISCHE BZW. RÄUCHERHAKEN

Unabhängig davon, ob man seine Fische nun an einer Schnur oder an einem Haken aufhängt, sollte man einige Dinge beachten.

Wichtig ist, daß sich die Fische nicht gegenseitig berühren. Das heißt, die Fische sollten einen seitlichen Abstand von wenigstens 3 cm haben. Andernfalls besteht die Gefahr, daß sie im aufsteigenden Rauch leicht hin und her pendeln, sich berühren und dann zusammenkleben. An diesen Stellen entstehen dann weiße Flecken, weil sich dort keine Rauchpartikel festsetzen können. Aus denselben Gründen muß auch ein seitlicher Mindestabstand zu den Wänden der Räucherkammer eingehalten werden. Wer nur selten räuchert oder sich nicht extra Räucherhaken anschaffen möchte, kann Fische bis zur Portionsgröße auch mit einer ca. 2 mm dicken Hanfschnur zum Räuchern aufhängen. Wichtig dabei ist der richtige Knoten, am besten eignet sich ein

Renken, mit Doppelhaken eingehängt

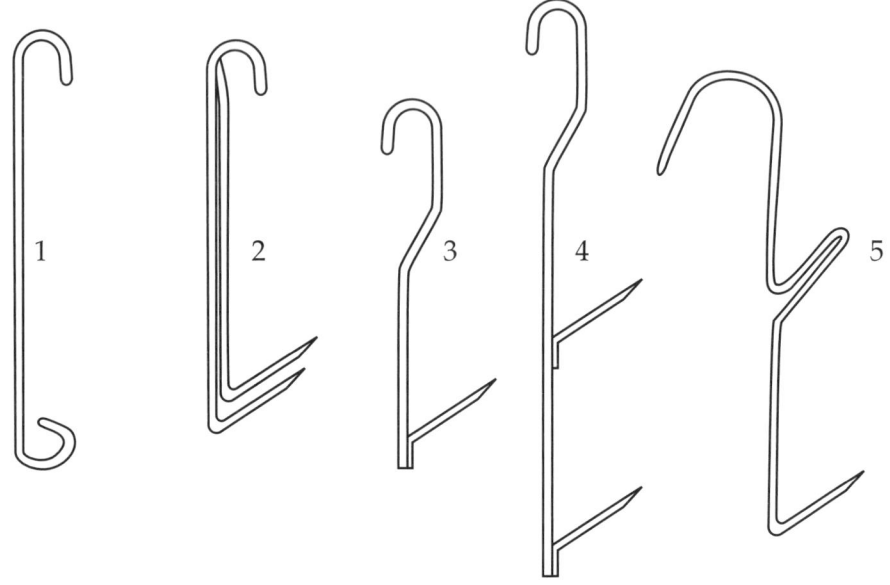

Verschiedene Arten von Haken zum Aufhängen der Fische im Räucherofen

Überhandknoten, der über die Wurzel der Schwanzflosse gelegt wird. Einige Fischzüchter hängen ihre Fische an einer durchgehenden Schnur pro Haltestange auf. Der Vorteil dieser Methode besteht darin, daß selbst bei nicht entfernten Kiemen keine Blutstreifen an den Seiten entstehen, da sie mit dem Kopf nach unten hängen.

Die Sache mit dem Haken

Bei den Räucherhaken kann man auf im Handel angebotene Produkte zurückgreifen oder selbst welche anfertigen. Wie auch immer Sie sich entscheiden, maßgebend ist das richtige Material. Für alle, die nicht nur einmal räuchern möchten, kommt nur nichtrostender Edelstahldraht von ca. 2 mm Stärke in Frage. Die meisten anderen Metalle korrodieren beim Kontakt mit Salz schnell und werden unbrauchbar. Ein ganz erheblicher Vorteil vom Niro-Draht ist das leichte Reinigen nach dem Räuchern. Man gibt die verschmutzten Haken einfach einige Stunden (z.B. über Nacht) in ein Gefäß mit Wasser und einem Reinigungsmittel für Geschirrspüler. Am nächsten Tag braucht man die

Aufgehängte Karpfenstücke

Spezialrost zum Einlegen der Fische am Rücken (Fa. Grassl)

Haken dann nur kräftig abzuspülen und sie sind wieder einwandfrei sauber und können nach dem Trocknen wieder verwendet werden. Über die Form der Räucherhaken könnte man stundenlang diskutieren. Dennoch gibt es nur wenige wirklich brauchbare Formen, die sich in der Praxis bewährt haben. Einige gebräuchliche Arten finden Sie auf der Zeichnung.

Für mich persönlich ist der Haken Nr. 1 (siehe Abb. S. 54) einfach unschlagbar.

Es gibt keine spitzen Dornen, und die Fische sind bei einiger Übung in Sekundenschnelle eingehakt bzw. nach dem Räuchern wieder abgehakt. Durch die leichte Schräge des U-förmigen Hakenbogens zieht sich der Fisch durch sein Eigengewicht förmlich am Räucherhaken fest. Für größere Fische eignen sich allerdings Doppelhaken besser.

Wichtig ist bei allen Hakenmodellen, daß die Fische senkrecht aufgehängt werden, d.h. in der Fallinie. Man erreicht diesen Effekt, indem man den Räucherhaken von der Bauchseite her durch das Maul einführt. Eine Ausnahme bilden die Haken Nr. 3 und Nr. 4 (siehe Abb. S. 54): Durch die Winkeländerung im Schaftbereich (Zeichnung) hängen die Fische trotzdem in der Fallinie, ohne daß man den Haken durch das Maul einführt.

Es geht auch ohne Haken

Fischfilets und -stücke kann man auch auf Metallrosten räuchern, dabei entsteht ein schönes Muster auf der Auflagefläche. Die Filets sollte man daher mit der Schuppenseite nach unten auf den Rost legen. Liegen mehrere Roste übereinander, muß man darauf achten, daß die unteren Filets nicht durch heruntertropfendes Fett der weiter oben hängenden oder liegenden Räucherware verunreinigt werden.

Eine weitere, optisch recht ansprechende Methode, Fischstücke oder -hälften zum Räuchern aufzuhängen, ist die Netzmethode. Ähnlich wie Räucherschinken, gibt man die Fischteile in vorgefertigte kleinmaschige Netze, die im Fleischerzubehörhandel erhältlich sind. Bei dieser Methode wird die Ware gut durchgeräuchert und erhält, wenn man das Netz abnimmt, ein nettes helles Muster. Dadurch wird das Produkt attraktiver, egal ob für den Verkauf oder für den Eigenverbrauch.

Übrigens: Haben Sie vom Fischgrillen noch Fischbräter (Gitterkörbe) zu Hause, dann können Sie Ihre Fische auch darin räuchern. Sie eignen sich ganz ausgezeichnet zum Räuchern von Fischfiletstücken.

DAS RICHTIGE HOLZ

Die Sache mit dem Holz sollte man nicht unterschätzen, denn nur mit dem richtigen Räucherholz erhalten die Fische auch ihre schöne goldgelbe Farbe und schließlich auch den letzten Schliff beim Geschmack. Eines gleich vorweg: Sämtliche Nadelhölzer kann man von vornherein für diesen Zweck vergessen, außer für die Späne zum Entfachen des Feuers.

Am gebräuchlichsten sind Laubhölzer, wie z.B. Buche, Ahorn oder Esche. Im Fachhandel bekommt man heute übrigens fix und fertige Räuchermehle aus verschiedensten Hölzern mit den tollsten Eigenschaften betreffend Färbung bzw. Aroma.

Zurück zu den geeigneten Holzarten, verwenden Sie bitte keine Birken, es sei denn, Sie möchten, daß Ihre Fische nachher wie Holzkohle aussehen. Auch die Erle wird fallweise verwendet, gibt aber meinen Erfahrungen nach keine so schöne Goldfärbung.

Zurück zur Buche; sie eignet sich wohl am besten für unsere Zwecke und wird deshalb auch am häufigsten verwendet. Ob man nun Buchenscheite zur Feuerung des Räucherofens verwendet oder Buchenmehl zur Raucherzeugung – die Buche ist unser Holz zum Räuchern. Die Buchenscheite zur Feuerung müssen natürlich entsprechend getrocknet werden, ehe man sie verwendet – so wie das bei jedem Brennholz notwendig ist.

An den Salzkammergutseen verwendet man z.B. zur Feuerung des Räucherofens getrocknete Buchenscheite und zur Färbung Buchenholz, das bereits mürbe, aber noch nicht verfault ist. Der Spezialausdruck unter Insidern lautet „dahischt" (angemodert); erkennbar ist dieses Holz an seiner speziellen Konsistenz und seiner auffälligen Maserung.

Als aromatische Beigabe kann man die Ästchen des Wacholderstrauches samt den darauf befindlichen Beeren verwenden.

Im Handel gibt es übrigens auch spezielle Rauchgewürze, die dem Räuchermehl beigemengt werden. Zum Entfachen des Feuers zu Beginn des Räuchervorganges kann man natürlich sogenanntes weiches Holz verwenden. Es läßt sich erheblich leichter spanen wie Laubholz. Achten Sie aber darauf, daß sich weder am Spanholz zu Beginn des Räuchervorganges noch am Hartholz zur späteren Temperaturerzeugung Lack- oder Farbreste sowie Imprägnierstoffe befinden. Diese können beim Verbrennen giftige Dämpfe freisetzen und empfindliche Geschmacks- bzw. Geruchsbeeinträchtigungen verursachen.

RÄUCHERMETHODEN

Heißräuchern

Die heute wohl gebräuchlichste Methode, Fische zu räuchern, ist das Heiß-räuchern. Es ermöglicht in relativ kurzer Zeit, wohlschmeckende Räucher-ware herzustellen. Die Dauer des Räuchervorganges ist jedoch von ver-schiedenen Umständen abhängig. Dazu gehört etwa die Größe der Fische, die Art des Räucherofens, seine Innentemperatur sowie die Außentemperatur. Meist dauert der Räuchervorgang 1,5 bis 2,5 Stunden. Bei Tischräuchergeräten geht die Sache meist viel schneller vor sich, bei speziellen Kleinräuchergeräten dauert der Räuchervorgang aber z.B. bis zu 5 Stunden. Nun aber die Schritte im Einzelnen, ausgehend von einem durchschnittlichen Räucherofen.

Im Normalfall beginnt man mit dem Entzünden des Feuers in der Glut-kammer. (Es gibt auch „Räuchermeister", die zuerst die Fische einhängen und dann erst das Feuer entzünden). Ich persönlich ziehe es aber vor, zuerst den Räucherofen vorzuheizen und dann erst die Fische einzuhängen. Besonders wichtig ist das anständige Vorheizen bei längere Zeit nicht benützten gemau-erten Ziegelräucheröfen bzw. bei Räucheröfen, deren Materialien Feuchtigkeit aufnehmen können. Zum Entzünden des Feuers verwendet man zweckmäßi-gerweise Weichholz, später für die Glut und die Wärmeentwicklung wird dann Hartholz, z.B. Buche, verwendet (siehe Kapitel Räucherholz).

Zu Beginn sollten die Rauchabzugsklappe am oberen Deckel des Räucher-ofens und die Feuerungstür offen bleiben, damit ein zügiges Anbrennen des Hartholzes gewährleistet ist. Dennoch muß man darauf achten, daß nicht schon zu Beginn des Räuchervorganges zu hohe Temperaturen erreicht wer-den. Ein Thermometer sollte unbedingt über die aktuellen Temperaturen im Inneren des Räucherofens informieren, wobei herkömmliche Thermometer der tatsächlichen Temperatur immer ein wenig hinterher gehen, weil die Metallspirale in ihrem Inneren ein wenig Zeit braucht, um zu reagieren. Viel exakter reagieren da schon batteriebetriebene elektronische Thermometer, deren Metallfühler mit einem Kabel verbunden ist. Diesen Metallfühler kann man auch in die Rückenmuskulatur eines Fisches stecken, um so die Kerntemperatur zu messen.

Entzündete Feuerlade

Bei größeren Mengen empfiehlt sich ein Einschubwagen

Räucherphasen

Grundsätzlich kann man das Heißräuchern in drei Phasen aufteilen: Trocknen, Garen und Färben.

Trocknen

Nach dem Entzünden des Feuers, also bei der ersten mäßigen Wärmeeinwirkung, wird die Haut der Fische getrocknet.

Garen

Sobald die Temperaturen ca. 60° bis 70° C erreicht haben, beginnt der eigentliche Garungsprozeß, der im Schnitt rund eine bis eineinhalb Stunden dauert. Allerdings sollte die Temperatur für einige Minuten auf ca. 100° C erhöht wer-

Unterschiedliche Färbung geräucherter Fische

den, um eventuell vorhandene Bakterien und Keime abzutöten. Anschließend sollte man die Temperatur wieder auf rund 60 bis 80° C senken. Alle Temperaturveränderungen sollten behutsam und nicht zu rasch geschehen, da die Haut der Fische ansonsten schrumpelig werden kann. Dann und wann sollte man einen Kontrollblick auf die Fische werfen, mit zunehmender Erfahrung reduzieren sich die Intervalle auf ein- bis dreimal pro Räuchervorgang. Doch auch als Anfänger sollte man nicht allzuoft den Räucherofen öffnen und nachsehen, wie es den Fischen „geht", denn man verliert so zu viel Temperatur bzw. es kommt zu häufigen Temperaturschwankungen, die der Räucherware nicht zuträglich sind.

Als Faustregel kann gelten: Sind die Bauchlappen der Fische leicht geöffnet, stimmt die Temperatur, drehen sich die Bauchlappem stark nach außen, ist sie zu hoch, sind sie geschlossen, ist die Temperatur zu niedrig.

Ist nun der eigentliche Garungsprozeß durch die Temperatureinwirkung abgeschlossen, so beginnt nun der dritte Teil des Räuchervorganges, der Färbungsprozeß. Allerdings nehmen die Fische schon beim Garungsprozeß eine leicht gelbliche Färbung an.

Fertig geräucherte Fische (Institut f. Fischereibiologie)

Herrlich duftende, bronzefarbige, geräucherte Forellen

Färben

Die richtige goldgelbe Farbe erhalten sie aber erst beim letzten Teil des Räuchervorganges. Jetzt ist auch der richtige Zeitpunkt, um dem Räuchermehl eventuell Rauchgewürze beizufügen. Dabei genügt eine Temperatur von rund 60° C; wichtig ist gerade jetzt eine ausreichende Rauchentwicklung.

Die Temperatur bzw. die Rauchentwicklung läßt sich mit der Rauchabzugsklappe und der Feuerungstür beeinflussen. Drosselt man die Luftzufuhr über das Schließen der Feuerungstür, so sinkt die Temperatur und die Rauchentwicklung steigt.

Das Ganze funktioniert natürlich nicht auf die Sekunde, sondern es dauert einige Minuten, bis sich die Temperatur- und Rauchverhältnisse im Räucherofen ändern. Auch hier bedarf es einiger Übung und Erfahrung, um die Sache sicher im Griff zu haben.

Davon abgesehen wirken sich die Außentemperatur und die Windverhältnisse auf das „Innenleben" des Räucherofens aus. An Tagen mit starkem Wind muß man damit rechnen, daß durch die verstärkte Luft- bzw. Sauerstoffzufuhr die Temperatur im Räucherofen höher ist als an windstillen Tagen. Bei Räucheröfen mit dünnen Metallwänden kann starker und kalter Wind allerdings auch das Gegenteil bewirken, nämlich das ungewollte Abkühlen des Räucherofens. Wie weit sich äußere Einflüsse wie Wind und Kälte auf das „Innenleben" des Räucherofens auswirken, hängt natürlich von der Dichtheit der verschiedenen Türen und der Isolationsfähigkeit der Wände ab.

Wann sind die Fische fertig geräuchert?

Die schöne goldgelbe Färbung sagt uns allerdings noch nichts über den Garungsgrad der Fische. Waren die Temperaturen zu niedrig, kann es

Heißgeräucherte Fische zum Auskühlen

durchaus passieren, daß die Fische zwar ganz passabel aussehen, aber noch halbroh sind.

Wie erkennt man nun, wann die Fische richtig durch sind? Man zieht einem Fisch die Rückenflosse aus der Muskulatur, was relativ leicht gehen muß. Das Fleisch der Grätenansätze an der Rückenflosse muß weiß und fest sein. Ist es hingegen glasig bis rosig, so ist der Fisch noch nicht zur Gänze gegart.

Mit einiger Erfahrung erkennt man den fertig gegarten Räucherfisch aber schon mit einem Griff: Er hat eine bestimmte Festigkeit gegenüber halbrohen (elastischen) Fischen, aber das ist schon Erfahrungsache.

Hat man unterschiedlich große Fische im Räucherofen, so muß man bedenken, daß die größeren Exemplare erheblich länger zur Garung brauchen. Daran sollte man schon beim Einhängen der Fische denken, die kleineren sollten immer vorne und möglichst weit oben eingehängt werden, da sie ja auch zuerst herausgenommen werden müssen.

Kalträuchern

Welcher Feinschmecker kennt sie nicht, die würzigen und zarten Lachsfilets? Sie sind kalt geräuchert, das ist das Geheimnis für ihren delikaten Geschmack. Frischen Farmlachs zum Selberräuchern bekommt man heute in jeder Fischhandlung zu erstaunlich niedrigen Preisen. Aber es müssen nicht immer Lachsfilets sein, auch die Filets von Lachsforellen schmecken kalt geräuchert ganz ausgezeichnet und sind bei fast jedem Fischzüchter erhältlich. Außerdem lassen sich praktisch alle forellenartigen Fische inkl. der Coregonen, also der Renken (Felchen), Welse (Waller), Aalrutten, und einige Meeresfische, wie z.B. Heilbutt, Makrele, Dorsch, Leng u.v.a.m., als Filets sehr gut kalt räuchern. Fische ab 0,50 kg sollte man filetieren.

Die Vorbereitung der Fische

Der „Preis" für diese Delikatessen ist der Zeitauwand beim Räuchern. Genügt beim Heißräuchern normalerweise ein Zeitaufwand von ca. 2 Stunden, so muß man sich beim Kalträuchern schon 16 bis 24 Stunden gedulden, bis man die Filets aus dem Räucherofen nehmen kann. Im Gegensatz zum Heißräuchern werden beim Kalträuchern Temperaturen von 30° C nicht überschritten, das bedeutet, daß das Fischfleisch hier nicht durch die Temperatur gegart wird, sondern in erster Linie durch das vorhergehende Einbeizen bzw. Ein-

Filets, vorbereitet zum Kalträuchern

Kalträuchern mit externem Feuer. Die Glut wird portionsweise eingebracht

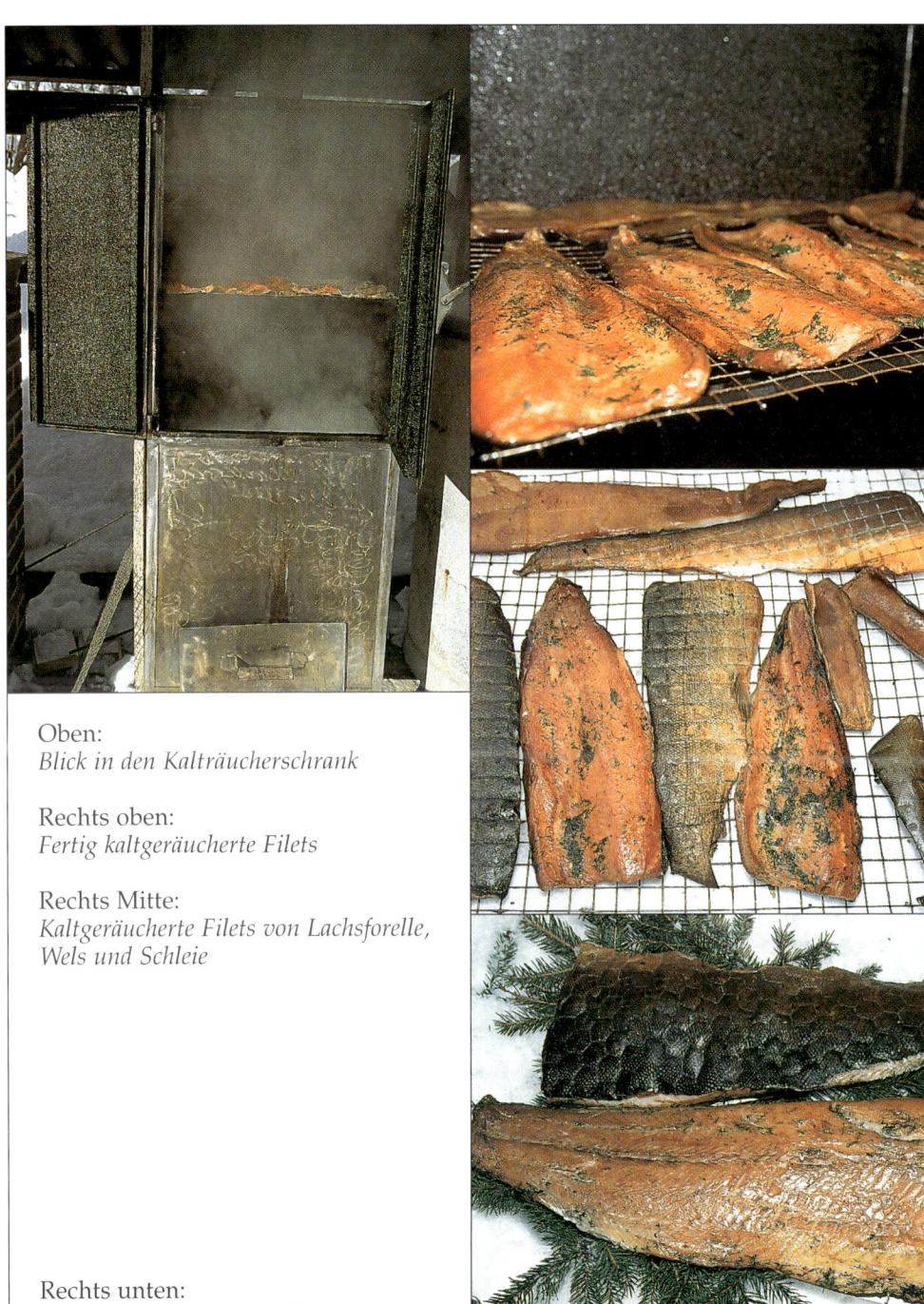

Oben:
Blick in den Kalträucherschrank

Rechts oben:
Fertig kaltgeräucherte Filets

Rechts Mitte:
Kaltgeräucherte Filets von Lachsforelle,
Wels und Schleie

Rechts unten:
Kaltgeräucherte Huchenfilets

salzen. Daher muß dieser Vorgang auch entsprechend länger dauern als beim Heißräuchern. Bei größeren Filets (Lachs, Lachsforelle u. Heilbutt z.B.) kann man ähnlich wie beim Beizen eines Graved Lachses verfahren. Man bestreut beide Seiten bis zu 5 mm dick mit einer Mischung aus Salz und Zucker (Verhältnis 2 : 1) und läßt sie rund 15 bis 24 Stunden einziehen. Natürlich kann man die Filets ganz nach Geschmack zusätzlich noch mit Dill, Wacholderbeeren oder fertigen Gewürzmischungen verfeinern.

Wichtig ist beim Kalträuchern, daß man die eingebeizten Filets vor dem Räuchern noch wässert. Das bedeutet, man gibt die Filets je nach Größe 1 bis 3 Stunden in klares kaltes Trinkwasser, so erzielt man beim Endprodukt einen milden und doch würzigen Geschmack. Entfällt das „Wässern" der Filets vor dem Räuchern, besteht die Gefahr, daß der Salzgeschmack zu intensiv ist, aber grundsätzlich ist das Geschmackssache, und jeder sollte hier seine Geschmacksrichtung selbst herausfinden.

Kleinere Fische oder Filets kann man aber auch problemlos naß einsalzen, dies geht rasch und gewährleistet eine gleichmäßige Verteilung des Salzes im Fischfleisch und unter den einzelnen Fischen. Hier genügt aber die Dauer von 6 bis 8 Stunden in einer 8%igen Salzlake völlig.

Nun aber die Schritte des Kalträucherns im Einzelnen

Grundsätzlich benötigt man zum Kalträuchern keine besondere Räucherkammer, es genügt schon ein herkömmlicher Räucherofen. Er sollte mehrere „Fächer" für Gitterroste haben, damit darauf entsprechend viele Fischfilets geräuchert werden können. Außerdem muß man eine externe Feuerstelle bzw. Raucherzeugung haben. Nun kann man ganz einfach nebenbei eine Feuerstelle entfachen und bei Bedarf einzelne Glutstückchen in den Räucherofen legen, um so für die entsprechende Raucherzeugung zu sorgen. Dabei muß man darauf achten, daß die Temperatur 30° C nicht überschreitet. Eine bessere Rauchausbeute erzielt man, wenn man die Glutstücke mit Räuchermehl überstreut. Wenn diese Methode auch eher eine Notlösung ist und viel Zeit und Arbeit erfordert, kann man auf diese Weise durchaus erstklassige Kalträucherware herstellen.

Beabsichtigt man aber öfter, Fische kalt zu räuchern, ist eine externe Raucherzeugung mit Verbindungsrohr unumgänglich. Diese kann aus einem kleinen Holzofen bestehen, der durch eine Metallröhre (Dachrinne, Ofenrohr) mit dem eigentlichen Räucherofen verbunden ist. Günstig wirkt sich die Länge des Verbindungsrohres auf die Rauchtemperatur aus, d.h. je länger das Rohr,

desto mehr kann der Rauch auf dem Weg zur Räucherkammer abkühlen. Außerdem sollte beim Rohr ein leichter Niveauanstieg in Richtung Räucherkammer bestehen, dadurch „zieht" der Rauch besser.

Eine funktionierende Temperaturmessung ist bei der Kalträucherei ohnedies notwendig, günstig sind zwei Meßpunkte, einer im Rauchrohr und einer in der Räucherkammer selbst. Steigt die Temperatur beim Kalträuchern nämlich über 30° C, gerinnt das Eiweiß im Fischfleisch rasch und die Filets lassen sich nicht mehr entsprechend aufschneiden.

Der Ofen wird mit herkömmlichem Räucherholz beheizt bzw. mit Räuchermehl beschickt. Wem das zu aufwendig ist, der kann sich natürlich auch einen elektrischen Raucherzeuger anschaffen, dort wird durch eine Glühspirale Räuchermehl konstant verraucht.

Das spart Zeit, Aufwand und Räuchermehl. Außerdem haben einige professionelle Raucherzeuger neben einer Turbine, die den Rauch in die Räucherkammer treibt, auch spezielle Filter, die Schadstoffe, wie z.B. Teer, aus dem Rauch filtern.

Räuchern von Aalen

Manche Fischarten bedürfen beim Räuchern einer besonderen Behandlung, dazu gehört zweifellos der Aal. Bei dieser Fischart unterscheidet man grundsätzlich zwei Formen: den großen und räuberisch lebenden Breitkopfaal (bis 1 Meter und darüber) und den eher kleinwüchsigen Spitzkopfaal, der kaum über 50 cm groß wird und sich in der Hauptsache von Insektenlarven und Kleinkrebsen ernährt.

Mir persönlich schmecken die kleinen Aale, auch Bundaale genannt, am allerbesten. Ihr Fleisch ist ganz besonders zart und schmackhaft. Bei diesen kleinen Aalen besteht allerdings die Gefahr, daß sie beim Räuchern zu trocken werden. Räuchert man sie gemeinsam mit anderen Fischen oder großen Aalen, so sollten sie unbedingt in der vordersten Reihe aufgehängt werden, um sie auch rechtzeitig vor den anderen Fischen aus dem Räucherofen nehmen zu können. Bei diesen kleineren Aalen gibt es, abgesehen vom Austrocknen, kaum Probleme, mit großen Aalen hingegen können sich einige andere Schwierigkeiten ergeben.

Bekommen große Aale nämlich zuviel Hitze ab, so besteht die Gefahr, daß die Haut dieser Fische aufplatzt, das macht sie unansehnlich, außerdem rinnt dann eine Menge Fett aus. Hat man gegen Ende des Rächervorganges zuviel

Temperatur, so bildet sich im Schwanzbereich der Aale eine richtiggehende Fettblase, gefüllt mit flüssigem Fett. Solche Aale kann man bestenfalls selbst essen, schön sehen sie nicht aus. Solchen „Fettschwänzen" bei großen Aalen kann man auf verschiedene Arten vorbeugen. Einmal kann man die Aale mit einem scharfen Messer schräg einschneiden, allerdings dürfen die Schnitte nicht zu tief gehen, sondern nur in die Haut eindringen. Diese Schnitte ergeben einerseits ein hübsches Muster und verhindern andererseits das Aufplatzen bzw. die Fettschwänze bei großen Aalen.

Die zweite Möglichkeit, große Aale ohne Probleme zu räuchern, ist, sie zu spalten. Das bedeutet, man schneidet die großen Aale einfach der Länge nach auseinander. Diese Aalhälften haben ein sehr ansprechendes Äußeres und schmecken sehr würzig, da sie viel Salz aufnehmen. Außerdem haben sowohl die Aalhälften als auch die eingeschnittenen Aale den Vorteil, daß sie weniger fett als herkömmliche Aale sind, da sie während des Räuchervorganges einiges davon verlieren. Große Aale sollten außerdem intensiver eingesalzen werden als die kleinen Exemplare.

Aale, heiß geräuchert

FILETIEREN VON GERÄUCHERTEN FISCHEN

Um unsere Räucherfische dekorativ servieren zu können, sollte man das Filetieren beherrschen. Das funktioniert am besten bei noch nicht völlig erkalteten und vor allem nicht zu trocken geratenen Fischen, ist aber natürlich eine Übungssache. Mit einem scharfen Messer schneidet man zuerst Kopf und Schwanz schräg ab. Dann werden Rücken- und Afterflosse herausgezogen und die Haut an der Bauchseite von der Afterflosse bis zum restlichen Schwanzstück aufgeschlitzt.

Filetierte Räucherforellen

Aalstücke, dekorativ angerichtet

Nun müssen die beiden Rückenmuskelpartien voneinander getrennt werden. Dazu setzt man das Messer am besten dort an, wo vorher die Rückenflosse war, und schneidet die Haut in der Mitte des Rückens nach vorne und hinten auf. Das Messer wird dann an der Wirbelsäule vom Rücken zur Bauchseite geführt und das Filet gefühlvoll abgelöst. Das Rückgrat mit den Gräten kann man von der zweiten Filethälfte vorsichtig abheben. Meistens muß man mit dem Messer jedoch etwas nachhelfen. Sollten einige Bauchgräten am Filet haften geblieben sein, werden sie jetzt noch entfernt. Die Fischhaut läßt sich ganz leicht abziehen, und unsere Filets sind fertig für ein schönes Fischbüffet.

Kopf, Gräten und Schwanz können übrigens für die Zubereitung einer hervorragenden Fischsuppe aufbewahrt werden.

Aale

Das Filetieren von Aalen funktioniert etwas anders. Dazu muß der ausgekühlte Aal mit einem scharfen Messer zunächst der Länge nach halbiert werden. Den Kopf und das dünne Schwanzende schneidet man ab, und die an einer Körperhälfte verbleibende Hauptgräte wird einfach abgehoben. Jetzt benötigt man einen großen Löffel, womit das Muskelfleisch richtig aus der Haut herausgerollt wird. Man beginnt dabei an der Kopfseite und arbeitet sich zum Schwanzende weiter. Das Aalfilet kann nun geschnitten oder gerollt serviert werden. Natürlich kann man den geräucherten Aal auch wie ein Salzstangerl essen, also die handlichen Stücke mit den Fingern halten und mit den Zähnen abnagen.

DAS AUFBEWAHREN UND LAGERN VON RÄUCHERFISCHEN BZW. FRISCHFISCH

Am besten schmecken unsere Räucherfische natürlich, wenn sie frisch und noch warm aus der Räucherkammer kommen oder gerade erst ausgekühlt sind. Leider ist das aber nicht immer möglich, daher einige Tips zum Lagern von geräucherten Fischen.

Lagerung im Keller oder Kühlschrank

Selbstverständlich müssen Räucherfische kühl aufbewahrt werden, daß heißt bei Temperaturen zwischen +1 und + 4° C. Bei diesen Temperaturen (z.B. Kühlschrank oder sehr kühler Keller) sind geräucherte Fische durchaus eine Woche haltbar. Vor dem Genuß sollten sie aber einige Zeit bei Zimmertemperatur gelagert werden, damit sie ihr volles Aroma entfalten können.

Bei der Lagerung im Kühlschrank sollte man sie aber niemals in Plastiksäcken aufbewahren, sondern in lebensmitteltaugliches Papier bzw. atmungsfähige Folie verpacken. In Plastiksäcken werden die Fische rasch wässrig und verderben schnell. Unverpackte Räucherfische trocknen hingegen im Laufe einiger Tage deutlich aus.

Das Vakuumverpacken

Ideal für längere Lagerzeiten ist die Vakuumverpackung. Allerdings müssen die Geräte dazu entsprechend zuverlässig funktionieren. Außerdem müssen auch vakuumverpackte Fische kühl gelagert werden, es kann sonst, wenn auch nur in seltenen Fällen, zum Botulismus kommen, einer tödlichen Form der Lebensmittelvergiftung.

Folienschweißgeräte, wie sie im Handel angeboten werden, eignen sich nicht für das Vakuumverpacken, da es hier zu keinem echten Vakuum kommt! Im Handel sind heute schon ausgezeichnete Vakuumgeräte erhältlich, die von ihrer Größe auch auf Haushalte und Kleinbetriebe abgestimmt sind. In einer professionellen Vakuumverpackung sind geräucherte Fische durchaus 14 Tage haltbar, und sie bleiben vor allem saftig, da sie nicht austrocknen können.

Doch nicht nur für geräucherte Fischwaren ist die Vakuumverpackung eine tolle Sache, sondern auch für die längere Lagerung von frischem Fisch in der

Vakuumverpackte Räucherfische halten länger

Gefriertruhe oder im Gefrierschrank. Auch hier bleiben die Fische saftig, trocknen nicht aus und bekommen keinen Gefrierbrand. Dennoch sollte man selbst vakuumverpackte Frischfische nicht länger als ein halbes Jahr tiefgefroren aufbewahren, da ansonsten die Qualität des Fischfleisches leidet.

Das Einfrieren

Beim Einfrieren selbst muß man beachten, daß die Fische nicht in zu großen Portionen in das Gefriergerät gebracht werden, da sie sonst nicht rasch genug durchfrieren. Bitte beachten Sie, der Durchfriervorgang kann bei größeren Fischmengen mehrere Stunden dauern! Es empfiehlt sich daher, das Gefriergut – wenn möglich – einzeln und flach ausgebreitet einzufrieren. Außerdem sind einzeln tiefgekühlte Fische später problemlos wieder aufzutauen. Bei einem gefrorenen Klumpen von 20 Fischen hingegen benötigen die inneren Exemplare meist die dreifache Zeit, um aufzutauen. Das kann im konkreten Fall bedeuten, daß Fische, die zum Einsuren in einer Salzlake eingelegt wurden, völlig ungleich auftauen und somit auch völlig ungleich gesalzen sind,

da die inneren Fische eines solchen Gefrierklumpens oft kaum etwas von der Salzlake abbekommen.

Fangfrische Fische (grüne Fische) sollte man im Kühlschrank höchstens drei Tage aufbewahren, bevor man sie verzehrt. Oft werden Fische, die schon einige Tage im Kühlschrank verbracht haben, dann noch tiefgefroren und Monate später geräuchert. Diese „Taktik" ist sicher nicht ideal, denn das Endprodukt Räucherfisch kann immer nur so gut sein wie das Ausgangsprodukt. Das bedeutet im Klartext: **Nur absolut einwandfreie Fische sollten zu Räucherfischen verarbeitet werden!**

Abschließend noch ein Tip zum Einfrieren von Fischen generell: Vermerken Sie am Gefrierbeutel das Datum mit einem wasserfesten Stift, so können Sie jederzeit überprüfen, wie lange der eine oder andere Fisch bereits in der Kühltruhe lagert.

DAS GRILLEN VON FISCHEN

Geeignete Fischarten zum Grillen

Ähnlich wie beim Räuchern eignen sich zum Grillen praktisch alle Salmonidenarten. Das heißt alle unsere Forellenarten, wie **Bachforelle, Regenbogenforelle, Seeforelle,** und natürlich die Saiblinge. Ebenso geschmackvoll, wenngleich grätenreicher, sind unsere Weißfischarten (Karpfenartige), wie **Brachse, Aitel, Nase, Blaunase** (Rußnase) **Barbe** (**Achtung:** Der Rogen dieser Fischart ist giftig!), **Rotauge, Laube.** Natürlich der **Karpfen** selbst sowie seine chinesischen Verwandten **Amur** und **Tolstolob** und die heimische **Schleie. Barsch** und **Zander** schmecken gegrillt ebenso ganz hervorragend, man sollte sie aber nicht zu lange grillen, da sie sonst leicht zu trokken geraten. Als ganz besondere Delikatesse gilt der **Zingel.** Es handelt sich dabei um eine Barschart, die hauptsächlich in der Donau vorkommt, sein zartes Fleisch schmeckt gegrillt ganz hervorragend. Besondere Grillspezialitäten sind auch die verschiedenen **Renkenarten,** das berühmte Riedlingbraten am Traunsee wird in diesem Buch noch extra behandelt. Auch andere Süßwasserfische eignen sich großteils zum Grillen, es wäre müßig, sie hier alle aufzuzählen – es bleibt durchaus der Fantasie des Einzelnen überlassen, auch andere Fischarten geschmackvoll über dem Grill zuzubereiten. Von den Meeresfischen seien hier vor allem die **Makrele** und der **Hering** genannt, sie sind ja als Steckerlfische hinlänglich bekannt. Selbstgegrillt, schmecken diese Fische aber selbstverständlich viel besser als die gekauften.

Vorbereiten und Würzen der Grillfische

Töten, Ausnehmen und Schuppen

Das Töten und Ausnehmen der Fische unterscheidet sich nicht vom Vorgang vor dem Räuchern. Wichtig ist allerdings, daß Fische mit großen Schuppen vor dem Grillen gründlich abgeschuppt werden. Gründlich deshalb, weil ansonsten der Genuß dieser Fische ziemlich beeinträchtigt wird. Die am Fisch verbliebenen Schuppen kleben dann nämlich zwischen unseren Zähnen fest, was ziemlich unangenehm ist.

Abgeschuppt müssen z.B. folgende Fischarten werden: Schuppenkarpfen, Nase, Aitel, Rußnase, Barbe, Brachse, Rotauge, Amur, Barsch, Zander, Renke und die Äsche. Bei Forellen und Saiblingen kann das Abschuppen entfallen.

Das Abhäuten von Karpfen

Die Haut wird von der Schwanzwurzel über den Rücken zum Bauch und Kopf abgezogen

Abgehäuteter Karpfen und Schuppenkarpfen

Fachgerecht geschröpfte Weißfische

Profis schuppen ihre Fische übrigens vor dem Ausnehmen, weil es zu diesem Zeitpunkt viel leichter geht als nachher. Das Abschuppen erfolgt am besten mit einem nicht zu scharfen Messer. Einerseits schneidet man mit diesem leicht stumpfen Messer nicht gleich versehentlich in das Fischfleisch, und andererseits verletzt man sich damit nicht so leicht selbst. Beim Abschuppen mit einem sehr scharfen und womöglich noch spitzen Messer ist die Verletzungsgefahr sehr groß.

Am einfachsten entfernt man die Schuppen, indem man mit dem Messer gegen den „Strich", also vom Schwanz in Richtung Kopf, schuppt. Dieser Vorgang ist – abhängig von der Fischart – relativ leicht zu bewerkstelligen.

Findet das Abschuppen z.B. in der eigenen Küche statt, sollte man bedenken, daß dabei einzelne Schuppen mitunter weit in der Luft herumspritzen. Dieser Umstand führt erfahrungsgemäß zu „ernsten Verstimmungen" mit der Küchenchefin. Diese kritische Situation kann man vermeiden, indem man die Fische in eine mit Wasser gefüllte Wanne gibt und sie dort „unter Wasser" abschuppt, die Schuppen können dann nicht mehr umherfliegen. Manche (be-

sonders strenge Hausfrauen) verbieten das Betreten des Hauses mit nicht geschuppten Fischen überhaupt.

Eine sehr elegante Methode, z.B. Schuppenkarpfen von ihren Schuppen zu befreien, ist, die ganze Haut samt den Schuppentaschen zu entfernen. Dabei sticht man bei der Schwanzwurzel mit dem Messer unter die Haut ein und löst nach und nach gefühlvoll Haut samt Schuppen vom Fleisch. Der Fisch wird so sauberst entschuppt, und es gibt bei diesem Verfahren keine umherfliegenden Schuppen. Diese Methode stammt ursprünglich aus Ungarn und wird von Fischereimeister Karl Mayerhofer am Institut für Fischereibiologie in Scharfling am Mondsee bei den Räucherkursen vorgeführt.

Schröpfen

Ist der Fisch nun sauber abgeschuppt und ausgenommen, kann man ihn noch Einschneiden (Schröpfen). Dadurch wird der Garvorgang beschleunigt, das Einziehen der Gewürze begünstigt, und es sieht außerdem recht nett aus.

Die Schnitte sollte man mit einem scharfen und eher kurzen Messer durchführen, die Schnittrichtung kann im rechten Winkel zur Längsrichtung des Fisches oder aber auch leicht schräg nach vorne sein. Man muß auch darauf achten, daß die Schnitte nicht zu tief geführt werden, die Bauchgräten sollen dabei nicht durchtrennt werden. Bei grätenreichen Fischen werden die Zwischenmuskelgräten im Rückenbereich allerdings durchtrennt und stören nach der Zubereitung über scharfer Hitze kaum noch beim Verzehr, da sie dabei resch und „brüchig" werden.

Würzen

Neben Salz, Pfeffer, Knoblauch, Zwiebel, Paprika und fertigen Fischgewürzen kann sich jeder nach Geschmack seine spezielle Gewürzmischung zusammenstellen. Auch das Beträufeln mit einer Zitrone verfeinert das Aroma vieler Fischarten. Ehe man den Fisch aber mit seinen favorisierten Gewürzen bestreut, sollte man ihn noch dünn mit Speiseöl (flüssiger Butter) bestreichen. Dies gilt vor allem für eher magere Fischarten, wie z.B. Forellen, Saiblinge, Barsche, Zander und unsere Weißfische. Makrelen und Aale wird man wegen ihres hohen Eigenfettgehaltes nicht zusätzlich mit Öl einpinseln.

Dann kann endlich mit dem eigentlichen Würzen begonnen werden, wobei zu beachten ist, daß das Gewürz gleichmäßig und dünn aufgebracht werden sollte. Wichtig ist auch das gründliche Einwürzen der Bauchhöhle. In eben diese Bauchhöhle kann man zusätzlich auch frische oder tiefgefrorene Kräuter, wie z.B. Dill, Thymian und Rosmarin, geben und damit den Geschmack noch verfeinern. Allerdings muß man darauf achten, daß der Eigengeschmack des Fisches nicht durch zu starkes Würzen überdeckt wird.

Je nach Vorliebe kann man den Fisch vor dem Einwürzen noch mit einer Zitrone beträufeln und ihn so bekömmlicher machen, dies hat sich besonders bei fetteren Fischarten bewährt.

Anstatt unseren Fisch mit Gewürzen zu bestreuen, kann man ihn auch in einer Marinade einlegen. Marinaden sind entweder fix und fertig im Handel erhältlich oder aber selbst zuzubereiten. Dazu verwendet man Speiseöl, Essig, Wein, Zitronensaft und diverse Gewürze bzw. Kräuter. Aber natürlich nicht alles auf einmal. Rezepte für Marinaden finden Sie im Rezeptteil dieses Buches.

Was benötigt man zum erfolgreichen Grillen?

Oft scheitern angehende „Grillmeister" schon zu Beginn ihrer Laufbahn beim Herrichten der entsprechenden Glut. Der ideale Brennstoff ist zweifellos die Holzkohle. Doch Holzkohle ist nicht gleich Holzkohle, sie sollte am besten aus Hartholz hergestellt sein – z.B. aus Buche. Oft finden wir im Holzkohlensack riesige Stücke, diese muß man zuerst z.B. mit einem Hammer zerkleinern, um sie auch vernünftig verwenden zu können. Anstelle der Holzkohle kann man durchaus auch geeignetes Hartholz, wie z.B. Buche, Ahorn oder Kastanie, verwenden.

Eines der Geheimnisse für erfolgreiches Grillen ist, daß man es versteht, eine entsprechende Glut vorzubereiten, nur über dieser ist es möglich, erfolgreich zu grillen. Gar nicht selten kann man nämlich beobachten, daß einige gutgelaunte Leute rund um ein Feuer sitzen und ihr Grillgut in die Flammen halten. Das sieht zwar auf den ersten Blick recht romantisch aus, die Fische oder Würstchen sind aber in der Regel außen schwarz und innen roh, also ungenießbar. Daher sollte man beim Grillen einige wichtige Grundsätze beachten.

Grillen, aber richtig!

Hat man trockene Grillkohle zur Hand, ganz ausgezeichnet eignet sich übrigens auch spezielle Gewürzgrillkohle, so bildet man daraus einen Haufen am Boden des Grills oder der Feuerstelle. Diesen Haufen besprüht man nun entweder mit flüssigem Grillkohleanzünder oder man verwendet einige Trockenspiritusstücke zum Entzünden der Holzkohle.

Aber **Vorsicht!** Beim flüssigen Brennspiritus kann beim Anzünden eine Stichflamme entstehen (besonders bei hohen Außentemperaturen oder direkter Sonneneinstrahlung). Brennt die Sache nicht so richtig an, spritzen Sie **niemals** den Flüssiganzünder aus der Flasche auf die scheinbar erloschene Holzkohle. Es können noch Glutreste vorhanden sein, und die Flammen schlagen dann in die Flasche zurück, wodurch es zu schweren Verbrennungen kommen kann. Verwenden Sie einen langen Löffel oder eine Kelle, um die flüssige Zündhilfe auf die Holzkohle zu schütten.

Nach dem Anbrennen kann man die Glut durch Luft- bzw. Sauerstoffzufuhr fördern. Dies kann durch eine zu einem Fächer geformte Zeitung, ein Stück Pappkarton, einen speziellen Grillfächer oder – ganz bequem – mit einem alten Haarföhn bewerkstelligt werden. Erst wenn der ganze Holzkohlenhaufen glüht, verteilt man die Glut gleichmäßig über den Boden des Grillers oder der Feuerstelle. Dann erst kann man mit dem eigentlichen Grillen beginnen.

Hat man einmal keine Grillkohle zur Hand, so kann man auch herkömmliches Hartholz verwenden. Man entfacht zuerst mit einigen Weichholzspänen ein kleines Feuer und legt dann das entsprechende Hartholz nach. Wichtig ist wie gesagt, daß man mit dem Grillen erst beginnt, wenn sich eine gleichmäßige Glut gebildet hat. Solange Flammen lodern, verkohlt das Grillgut und es hat keinen Sinn, mit dem Grillen zu beginnen. Möchte man sich am Abend über einem romantischen Lagerfeuer Fische grillen, so läßt man auf einer Seite einige Holzscheite brennen, um genügend Beleuchtung zu haben, und grillt die Fische wie gewohnt über der verbleibenden Glut daneben. Wichtig ist, daß man eine dementsprechende Hitze hat, sonst dauert der Grillvorgang zu lange und die Fische werden zu trocken.

Grillvorrichtungen und -methoden

Steckerlfisch

Im Grunde genügt schon ein frisch abgeschnittener Zweig einer Weide, um sich nach dem Angeln direkt am Wasser einen „Steckerlfisch" herzurichten. Dennoch sollte man auch hier einiges beachten.

Bevor damit begonnen wird, ein Feuer zu entzünden, sollte man sich vergewissern, ob keine Waldbrandgefahr besteht oder ob nicht ein ausdrückliches Verbot für Lagerfeuer vorliegt. Außerdem sollte man den Fisch beim Ausnehmen nicht ganz öffnen und im Bereich der Bauchflossen nicht durchschneiden. Dadurch fällt der Fisch nicht so leicht vom Spieß herunter.

Überdies dreht sich der Fisch auf einem runden Spieß gerne unkontrolliert herum; schnitzt man sich einen Spieß mit rechteckigem Querschnitt, verhindert man das lästige „Durchdrehen" des Steckerlfisches.

Je nach Art geschuppt, eingeschnitten und gewürzt, lassen sich fast alle unsere Fische aus Bach, See oder auch Meer als Steckerlfisch zubereiten. Besonders geeignet sind z.B. Makrele, Forelle, Saibling, Barsch, Zander, Renke und Weißfische. Allerdings sollten diese Fische nicht zu groß sein, da sie sonst gerne vom Spieß herunterfallen. Bis zur normalen Speisefischgröße (bis 250/300 g) gibt es aber kaum Probleme.

Auch das Aufspießen sollte gekonnt sein. Man steckt den Spieß nicht irgendwie durch den Fisch, sondern führt ihn beim Maul hinein, entlang des Rückgrates durch die Muskulatur hinter der Afterflosse hindurch und erst bei der Schwanzflosse wieder heraus.

Der Grillvorgang dauert je nach Fischgröße und vorhandener Hitze zwischen 20 und 30 Minuten. Zur einfacheren Handhabung kann man sich entweder zwei Astgabeln als Auflagen für den Spieß in den Boden stecken, oder man steckt den Spieß mit dem Fisch mit dem anderen Ende gleich so in die Erde, daß er passend über der Glut schwebt.

Wann der Fisch fertig gegrillt ist, erkennt man an der äußeren Bräunung der Haut. Professionelle Steckerlfischbrater wenden ihre Fische nicht allzuoft, sie garen sie zuerst am Rücken und dann nacheinander auf den Seiten. Wendet man den Fisch nämlich allzuoft und grillt ihn zu lange, wird er leicht zu trocken. Ähnlich wie beim Räuchern kann man auch hier die Rückenflosse des Fisches herausziehen, um zu prüfen, wieweit der Garungsprozeß fortgeschritten ist.

Zingel, als Steckerlfisch über der Glut zubereitet

Einen Steckerlfisch über dem Feuer zu grillen bedeutet, mit wenig Aufwand oft eine beeindruckende Atmosphäre zu schaffen. Mich erinnert es an meine ersten selbstgefangenen Fische, die ich natürlich über dem Lagerfeuer gegrillt habe.

Grillrost und Grillkorb

Aber auch ohne Weidenspieß kann man Fische über dem Grill oder Lagerfeuer delikat zubereiten. Dazu verwendet man entweder einen Grillrost oder einen Grillkorb. Am Grillrost hat man je nach Größe Platz für mehrere Fische. Allerdings muß man die Fische am Rost wenden, was nicht immer ganz unproblematisch ist. Oft bleibt dabei die Haut am Gitter haften, oder die Fische zerfallen und bieten dann keinen appetitlichen Anblick mehr. Abhilfe schafft hier das Einfetten des Grillrostes vor dem Anfachen der Glut. Eine gute Lösung ist auch das Einwickeln der Fische in Alufolie, darin bleiben sie recht saftig. Bei diesem Verfahren kann man auch eine Kräuterfülle in den Bauchraum geben, das verleiht dem gegrillten Fisch einen ganz besonders würzigen Geschmack. Am einfachsten grillt man Fische aber in Grillkörben. Diese haben in der Regel eine Fischform und sind aufklappbar. Man gibt den gewürzten Fisch in den

Renke im Grillkorb, roh

Renke im Grillkorb, fertiggegrillt

83

Korb hinein und grillt ihn auf jeder Seite so lange, bis er gegart ist. Je nach Größe dauert dieser Vorgang pro Seite 10 bis 15 Minuten, was freilich auch von der Hitze und dem Abstand zur Glut abhängt. Wichtig ist auch, daß genügend Hitze (Glut) vorhanden ist, sonst werden die Fische möglicherweise zu trocken. Wer besonders saftige Fische möchte, kann sie während des Grillvorgangs entweder mit Butter bestreichen oder mit Bier beträufeln. Wie beim Räuchern ist auch hier noch kein Meister vom Himmel gefallen; die Erfahrung macht den Profi. Der Vorteil eines Grillkorbes liegt klar auf der Hand: Der Fisch zerfällt beim Wenden nicht, und wenn man das Gitter des Korbes zuvor eingefettet hat, kann man den Fisch, wenn er gar ist, ohne „Hautschäden" entnehmen.

Riedlingbraten am Traunsee

Eine sehr traditionsreiche Methode, kleine Coregonen, sogenannte Riedlinge, über dem Holzkohlenfeuer zuzubereiten, findet man am Traunsee.

Zunächst aber zu den Riedlingen selbst: Dabei handelt es sich um eine ganz lokale Renken- bzw. Felchenart, die ausschließlich in diesem Gewässer vorkommt. Die Besonderheit bei dieser Fischart ist, daß sie kaum größer als 25 cm wird und bereits ab ca. 16 cm Geschlechtsorgane entwickelt. Diese kleine Felchenart besitzt ein besonders zartes und schmackhaftes Fleisch. Gefangen werden diese Fische von den Berufsfischern am Traunsee mit speziellen Netzen, meist in Tiefen bis zu 30 Metern.

Die Zubereitung der Riedlinge, das sogenannte „Stangerlfischbraten", ist sehr aufwendig. Zunächst müssen die Fische einzeln den Netzen entnommen und getötet werden, besonders im Winter bei Minusgraden und eisigem Wind kein Vergnügen! Dann werden sie auf speziell dafür vorbereitete Holzspieße aufgesteckt. Diese haben einen rechteckigen Querschnitt, damit ein Verdrehen der Fische während der Zubereitung verhindert wird. Nun werden die Riedlinge abgeschuppt und dann seitlich eingeschnitten (geschröpft). Dann erst werden die Innereien (Magen – Darm-Trakt – Leber) durch eine kurze Schnittöffnung zwischen den Brustflossen entfernt. Gewürzt werden die Fische ausschließlich mit grobem Speisesalz, wie es auch unser Bäcker bei seinen Salzstangerln verwendet. Man nimmt dazu am besten gleich ein „Sträußchen Riedlinge" zur Hand und überstreut sie gleichmäßig mit dem beschriebenen Grobsalz. Wichtig dabei ist, daß die Haut der Fische noch nicht ausgetrocknet ist, da das Salz sonst nicht haften bleibt.

Die Zubereitung erfolgt durch Braten über der Holzkohlenglut. Die Profis am Traunsee verwenden dazu natürlich speziell dafür geeignete Bratvorrich-

tungen. Notfalls eignen sich aber auch zwei in entsprechendem Abstand gelegte Reihen aus Tonziegeln, in deren Mitte man dann die vorbereitete Holzkohlenglut gleichmäßig verteilt. Die Holzkohle sollte zuerst auf einem Haufen gleichmäßig zum Glühen gebracht und erst dann in der Rinne zwischen den Ziegeln verteilt werden. Der Abstand der beiden Ziegelreihen ist so zu wählen, daß die dicken Enden der Spieße wenigstens 2 bis 3 cm über den Ziegelrand hinausragen und die Spitzen auf der anderen Ziegelreihe gut aufliegen. Nur so kann man die Fische während des Bratens entsprechend wenden, ohne sich dabei ständig die Finger zu verbrennen.

Die Riedlinge werden nun in Abständen von ca. 5 cm mit dem Rücken nach unten über die Holzkohlenglut gelegt. Mit einem Fächer aus Holz oder Kunststoff kann man die Temperatur der Glut durch Sauerstoffzufuhr nötigenfalls problemlos erhöhen. Erst wenn der Rückenbereich der Riedlinge durchgebraten ist, also die Rückenflosse leicht angekohlt und das Rückenfleisch knusprig braun gebraten ist, beginnt man mit dem Wenden. Die Fische werden dann Rückenflosse an Bauchflosse aneinander aufliegend seitlich gebraten, bis beide Seiten entsprechend knusprig sind, abschließend kommt noch die Bauchseite dran. Diese ist deshalb so wichtig, weil damit auch die Gonaden, also die Eier bzw. die Samenstränge (sie gelten als besonders delikat) durchgegart werden.

Schon der Duft der Riedlinge während des Bratvorganges ist einzigartig. Der Geschmack eines saftig gegrillten, noch heißen Riedlings ist allerdings unvergleichlich. Wegen des relativ salzigen Geschmackes und der großen Hitzeentwicklung beim Grillen sollte man unbedingt genügend Flüssigkeit für den Eigenbedarf in unmittelbarer Nähe haben. Sehr bewährt hat sich z.B. ein Kasten kühler Gerstensaft.

Wer also einmal an den Traunsee kommt, sollte diese Spezialität unbedingt probieren. Meist braten die Berufsfischer ihre Riedlinge zu den Wochenenden am Stadtplatz in Gmunden, in Altmünster und entlang der Bundesstraße bis nach Ebensee. Diese Delikatesse ist aber stark saisonabhängig, die besten Aussichten, sie zu verkosten, hat man vom Sommer bis in den Herbst hinein. Aber Achtung: Während der Schonzeit (November) gibt es keine Riedlinge.

Ist der Fang gut gewesen, kann man die Riedlinge bei den Berufsfischern gleich frisch gefangen (grün) kaufen und bei passender Gelegenheit zu Hause grillen. Wer jedoch nicht das Glück hat, diese Art Fisch zu bekommen, kann nach derselben Methode auch Seelauben grillen. Diese karpfenartigen Fische, auch Mairenken genannt, sind im Schnitt 15 bis 25 cm groß und kommen in beinahe allen großen Salzkammergutseen sowie einigen größeren Kärntner

Seen recht häufig vor. Sie lassen sich auch mit der Angel relativ leicht fangen und schmecken gegrillt ebenfalls sehr lecker.

Riedlinge über der Holzkohlenglut fertiggebraten, in Zubereitung, noch roh (v. lin. re)

Grillen von Weißfischen an der Donau

Eine sehr bodenständige Art Weißfische, das sind z.B. Barben, Aitel, Nasen, Brachsen, Blaunasen, Rotaugen, zu grillen (braten), findet man z.B. in Oberösterreich entlang der Donau. Dort werden seit Generationen von den Berufsfischern die Fische aus der Donau auf eine spezielle Art zubereitet und vermarktet. Meist handelt es sich bei diesen Fischen um grätenreiche Arten, die bei üblicher Zubereitung, z.B. Braten in der Pfanne, kaum vermarktbar sind.

Eine spezielle Einschneidetechnik vor dem Grillen erlaubt es, diese grätenreichen Fischarten problemlos zu essen. Mit dem sogenannten „Schröpfen" werden die Gräten (speziell die Zwischenmuskelgräten) in kleine Stückchen geschnitten. Diese kleinen Grätenstückchen werden dann beim Garungspro-

zeß, also beim Grillen, unter Hitzeeinwirkung resch und knusprig, und man nimmt sie beim Verzehr kaum wahr. Das Geheimnis beim Schröpfen ist der Abstand, die Tiefe und der Winkel der Einschnitte. Die Schnitte müssen mit einem sehr scharfen Messer geführt werden, wichtig ist, daß die Schnitte abhängig von der Fischgröße eng und tief genug sind. Aber das Schröpfen ist nur eines der Geheimnisse, die beim sogenannten „Steckerlfischbraten" an der Donau eine entscheidende Rolle spielen.

Verwendet man zum Grillen üblicherweise Holzkohle, so wird beim Steckerlfischbraten an der Donau ein völlig anderes Brennmaterial genutzt, nämlich die getrockneten Preßrückstände der Obst-Mosterzeugung. Die sogenannten Mosttrebern werden sorgfältig gestapelt und getrocknet und schließlich als Brennmaterial beim Steckerlfischbraten verwendet, eine beispielhafte Energieverwertung. Davon einmal abgesehen, kommt es beim Verbrennen der Mosttrebern zu einer starken Rauchentwicklung. Dadurch entsteht neben der Garung der Fische durch die Hitzeeinwirkung auch ein gewisser Räuchereffekt. Die an sich silbernen Weißfische bekommen dadurch beim Braten eine appetitlich goldene Farbe und schmecken natürlich auch recht delikat.

| *Fischereimeister F. Lahmer beim Grillen von Weißfischen aus der Donau* | *Fertig gegrillte Weißfische* |

Beim Würzen hat jeder der Fischer sein „Geheimrezept", meist kommen dabei Salz, Paprika sowie etwas Knoblauch zum Einsatz. Klarerweise wird zu diesen Fischen dann auch die „Oberösterreichische Landessäure", also der Most, getrunken. Wer Lust hat, dieses spezielle Fischbraten einmal „live" zu erleben, kann dies z.B. bei Fischereimeister Franz Lahmer in Linz an der Donau tun.

DAS BEIZEN VON FISCHEN

Graved Lachs

Das Haltbarmachen von Fischen durch bloßes Einsalzen ist eine uralte Tradition. Früher ging es nur darum, die Fische aus großen Fängen länger haltbar zu machen. Heutzutage geht es eher darum, würzige Spezialitäten aus Fischen herzustellen.

Sehr bekannt ist z.B. das Zubereiten von Lachsfilets oder Forellenfilets zu Graved Lachs. Auf diese Art und Weise kann man ohne viel Aufwand innerhalb einiger Stunden für sich und seine Gäste eine tolle Fischspezialität zaubern. Aber auch für Hobbyteichwirte und Fischzüchter ist das Zubereiten von Graved Lachs eine Möglichkeit, die eigenen Fische zu veredeln oder besser zu vermarkten. Man benötigt dazu nur die Filets von Lachs, Lachsforelle, Meerforelle. Aber auch die Filets von großen Renken und von Wallern lassen sich gut zu Graved Lachs verarbeiten. Atlantischer Farmlachs ist heute schon zu erstaunlich günstigen Preisen beim Fischhändler erhältlich. Genausogut eignen sich aber die Filets von Lachsforellen als Graved Lachs. Man bekommt sie im Fischfachhandel oder beim Fischzüchter. Wie bereits erwähnt, handelt es sich bei der Lachsforelle nicht um eine eigene Fischart, sondern nur um eine spezielle Züchtung der Regenbogenforelle. Ihr Fleisch ist rot oder orangerot und je größer der Fisch ist, desto saftiger sind die gebeizten Filets und desto schöner kann man später die dünnen Scheiben von den delikaten Filets schneiden. 1 kg oder besser 1,5 kg sollten die Fische mindestens wiegen, um sie zu Graved Lachs zu verarbeiten. Man bekommt aber auch von Forellen ab 700 g schon Filets, die zu schmackhaftem, aber eben dünnerem „Graved Lachs" verarbeitet werden können.

Filetieren

Es erfordert einige Übung, bis das Filetieren richtig klappt. Mit einem speziellen Filetiermesser (lange, scharfe, schmale und biegsame Klinge) schneidet man hinter dem Kopf mit einem halbrunden Schnitt bis an die Wirbelsäule (deutlicher Widerstand), dann ändert man den Winkel der Klinge so, daß diese parallel zum Fisch bzw. zur Wirbelsäule liegt. Anschließend führt man die Klinge möglichst eng entlang der Wirbelsäule bis hin zum Schwanz und teilt so das Filet von der Wirbelsäule (siehe Bilder S. 90). Die Bauch-, Brust- und Afterflossen müssen mit einem kurzen, aber scharfen Messer aus-

Ideale Lachsforelle für die Zubereitung von „Graved Lachs"

Restliche Bauchgräten werden vom Filet gelöst

Die Filets werden vom Rückgrat und den Bauchgräten geschnitten

Weitere Gräten gleich oder nach dem Beizen mit einer Pinzette oder Spitzzange entfernen

Zum Beizen vorbereitete Filets

Eingewürzte Graved-Lachs-Filets. Zum Beizvorgang werden sie noch zusammengelegt (Fleisch auf Fleisch)

Das Gewicht sollte nicht zu schwer sein

geschnitten werden. Wichtig ist jedenfalls, daß auch die Bauchgräten entfernt werden, da man das Filet sonst nicht aufschneiden kann. Dieser Vorgang geschieht ebenfalls mit dem Filetiermesser: Man setzt oberhalb der Bauchgräten an und schält die Gräten richtiggehend vom Filet ab. Wer häufig Fische filetiert, sollte sich dazu einen sogenannten Kettenhandschuh besorgen. Das ist ein Handschuh aus einem speziellen Metallgewebe, das durch seine Festigkeit Schnittverletzungen der Hand verhindert. Die Gräten im Rückenbereich entfernt man am besten nach dem Beizvorgang mit einer Pinzette.

Einbeizen

Die Zubereitung der Filets ist relativ einfach. Man bereitet eine Mischung aus Salz und Zucker im Verhältnis von 2 : 1, dazu gibt man je nach Geschmack frischen oder gefrosteten Dill und einige zerstoßene Wacholderbeeren sowie Pfefferkörner. Mit dieser Mischung bestreut man anschließend beide Seiten der Filets bis zu 5 mm dick. Anschließend gibt man die gewürzten Filets in ein flaches Gefäß, wichtig ist dabei, die Filets mit den Fleischseiten zusammenzulegen. Hat man mehrere Filets, so legt man gegengleich jeweils zwei Filets Fleisch an Fleisch zusammen und diese „Paare" dann gegengleich übereinander.

Die eingelegten Filets bedeckt man anschließend mit einem Holzbrett (Küchenbrett), das man mit einem kleinen Gewicht oder einem sauberen Stein beschwert. Das Gewicht sollte jedoch nicht zu schwer sein, das gilt besonders bei kleineren und somit dünneren Filets. Beschwert man die Filets nämlich zu sehr, dann geraten sie zu dünn und eher hart. Das bedeutet, man kann sie zum Genuß nur schwer entsprechend aufschneiden.

Die Garung des Fischfleisches erfolgt nun durch den Flüssigkeitsentzug (Dehydrierung) infolge der Salzeinwirkung. Die Filets sollten wenigstens 40 Stunden, besser noch 50 Stunden eingelegt bleiben. Selbstverständlich müssen sie an kühlen Orten aufbewahrt werden, z.B. im Keller oder im nicht zu kalt eingestellten Kühlschrank, die idealen Temperaturen liegen in etwa zwischen 4 und 8° C. Zwei- bis dreimal sollte man das am Boden des Gefäßes angesammelte Wasser entfernen.

Eine andere Methode für die Zubereitung von Graved Lachs besteht darin, die eingebeizten Filets mit der Hautseite auf ein sauberes Brett zu nageln und dieses Brett dann schräg aufzustellen (siehe Bild Seite 95). Dabei kann das dem Fleisch entzogene Wasser ablaufen, zu diesem Zweck sollte man ein Gefäß da-

runterstellen. Abhängig von der Größe des Filets und natürlich auch des persönlichen Geschmacks bleiben auch diese Filets zwischen 40 und 50 Stunden eingebeizt liegen. Dann kann man sie entweder gleich hauchdünn und schräg aufgeschnitten genießen, oder, je nach Geschmack, vorher einige Stunden in Trinkwasser einlegen, damit sie ein etwas milderes Aroma bekommen. Einige Feinschmecker legen ihre Graved Lachs Filets vor dem Genuß noch für ein paar Stunden in den Kalträucherofen und verfeinern so den Geschmack.

Anrichten und Servieren

Das Aufschneiden erfolgt in langen schrägen Schnitten, wobei man am dicken Ende beginnt. Vorher sollte man mit einer spitzen Zange oder einer stabilen Pinzette die Zwischenmuskelgräten aus dem Rückenteil zupfen. Die dünn aufgeschnittenen Scheiben (siehe Bild Seite 95) serviert man dann am besten auf Weiß- bzw. Toastbrot und einer Sauce aus Senf und Dill (siehe Rezeptteil). Ein trockener Weißwein (meine Empfehlung wäre z. B. ein Wachauer Riesling Smaragd) rundet dieses einmalige Geschmackserlebnis ab.

Weißfische

Spezialrezepte von Fischereimeister Johann Reichl, zur sinnvollen Verwertung von sogenannten Weißfischen, die mit der Angel gefangen werden oder als „Beifänge" bei der Netzfischerei anfallen. Bei den angeführten Fischarten handelt es sich um echte „Biofische", d.h. sie werden nirgends gezüchtet bzw. gefüttert, sondern kommen nur in freien Gewässern vor. Bei den angeführten Zubereitungsarten muß man allerdings beachten, daß die Fische nur relativ kurz haltbar sind.

Marinierte Schiede
(*Schied* = volkstümlicher Ausdruck für Rußnase in einigen Voralpenseen des Salzkammergutes)

Die Fische werden zuerst geschuppt und dann filetiert. Die Bauchgräten werden entfernt, die Zwischenmuskelgräten in der Rückenmuskulatur bleiben und werden durch die Essigmarinade so weich, daß sie problemlos mitgegessen werden können. Die Filets werden in eine 5%ige Essiglake (Hesperidenessig) eingelegt. Wichtig dabei ist, daß man keine Metallgefäße dazu verwendet, sondern solche aus lebensmittelechtem Kunststoff oder Keramik. In der Essiglake verbleiben die Filets bei einer Temperatur von ca. 5 bis 10° C etwa einen Tag lang. Dabei sollte mehrmals sorgfältig umgerührt werden, dazu dürfen keine Metallgegenstände, sondern nur ein Holz- oder Kunststofflöffel verwendet werden, da die Fische sonst den Metallgeschmack annehmen können.

Nachdem die Filets nun ca. einen Tag in der 5%igen Essiglake eingelegt waren, nimmt man sie vorsichtig heraus und spült sie mit kaltem Trinkwasser ab. Anschließend werden sie schichtweise nach einer Richtung in ein Steingutgefäß geschlichtet. Zwischen jede Lage der Fischfilets kommen dann Senfkörner, einige Lorbeerblätter und frisch geschnittene Zwiebelringe. Diesen Vorgang wiederholt man solange, bis das Steingutgefäß ca. zu ⅔ voll ist. Dann wird wieder eine neue Essiglake (5%) angerichtet und kurz aufgekocht, dazu kommt diesmal brauner Zucker, ca. 150 g auf 1 Liter Essiglake, Senfkörner, Gewürze (Estragon). Mit der auf Handtemperatur abgekühlten Lake füllt man nun das Steingutgefäß auf und gibt obendrauf noch 1 EL Speiseöl.

Nach zwei bis drei Tagen sind die Fischfilets genußfertig, beim Entnehmen der Filets sollte man aber entsprechend vorsichtig vorgehen, da das Fischfleisch in der Marinade sehr mürbe wird.

Graved-Lachs-Filet für das Beizen auf ein Brett genagelt

Das Graved-Lachs-Filet wird in dünne Scheiben geschnitten

In Essiglake marinierte Fische

Saure Fische (Rußnasen, Brachsen, Lauben)

Die Fische werden zuerst geschuppt, ausgenommen und geschröpft, dann leicht eingesalzen. Anschließend werden sie ohne Mehl mit Speisefett in einer Pfanne gebraten. Danach gibt man die ausgekühlten Fische in Schichten in ein Steingutgefäß, zwischen die einzelnen Lagen kommen nun wieder Senfkörner, Lorbeerblätter und Zwiebelringe. Auf diese Weise verfährt man nun, bis das Gefäß zu ⅔ gefüllt ist. Dann wird eine 5%ige Essiglake aufgekocht (ev. einige Lorbeerblätter zugeben). Mit der abgekühlten Lake füllt man das Gefäß dann bis zum Rand auf und gibt noch 1 EL Speiseöl dazu. Die Fische sind schon nach wenigen Stunden genußfertig. Sie sollten aber nicht länger als acht Tage aufbewahrt werden.

Gekochte Lauben (es handelt sich dabei um die relativ großen Seelauben aus den Voralpenseen)

Zuerst wird eine ca. 10%ige Salzlake aufgekocht, in die noch heiße, aber nicht mehr kochende Lake gibt man nun die Lauben, und zwar ohne die Fische vorher auszunehmen! Die Lauben ziehen nun in der Lake ca. 10 Minuten, bis die Augen weiß werden und sich die Rückenflosse leicht herausziehen läßt. Anschließend entnimmt man die Fische der Lake und läßt sie auf einem Sieb abtropfen. Die Lauben sind sofort genußfertig. In derselben Lake (Sud) können mehrere Chargen Fische gekocht werden – der Geschmack wird mit jedem Mal intensiver bzw. besser.

Forellenkaviar

Die frischen Eier von Forellen, Saiblingen, Renken **(Achtung: nicht von Barben, die sind giftig!!!)** lassen sich sehr gut zu „Kaviar" verarbeiten. Man nimmt dazu die frisch abgestreiften oder beim Fischausnehmen anfallenden Fischeier und füllt sie nach gründlichem Abspülen mit kaltem Trinkwasser und dem Entfernen von anhaftenden Häuten in ein Gefäß. Danach gibt man Speisesalz im Verhältnis 1 : 10 dazu und läßt das Ganze über Nacht im Kühlschrank stehen – und fertig ist der Forellenkaviar, der mir übrigens besser schmeckt als jeder Kaviarersatz.

REZEPTE FÜR RÄUCHERFISCHE

RÄUCHERFISCHSUPPE

Zutaten
*   1 Räucherfisch (Forelle, Karpfen, Schleie,...)*
*   1 ½ l Suppe (Fisch- oder Rindsuppe)*
*   ½ l Schlagobers (Sahne)*
*   Butter*
*   Salz, Pfeffer*

Zubereitung
Zunächst muß man den Räucherfisch häuten und filetieren. Die „Abfälle",
also Kopf, Haut und Gräten, werden kurz in etwas Butter angedünstet, dann
mit Suppe aufgegossen und ca. 20 bis 30 Minuten durchkochen gelassen. Den
Fischsud abseihen und mit Schlagobers verfeinern. Ein Teil der Räucher-
fischfilets wird in die Suppe eingemixt (Stabmixer), der restliche Fisch wird in
mundgerechte Stücke zerkleinert und als Einlage zurückbehalten. Mit Salz
und Pfeffer abschmecken, mit den Räucherfischstückchen garnieren und mit
Weißbrot servieren.

FEINE RÄUCHERFISCHSUPPE

Zutaten
*   1 geräucherte Renke oder Forelle*
*   ¾ l Fleischsuppe*
*   ca. 100 g Champignons (auch Dosenchampignons möglich)*
*   2 Tomaten*
*   1 Zwiebel*
*   Butter*
*   Weißwein*
*   Worcestershire Sauce*
*   Petersilie, Schnittlauch, Dill*
*   Zitronensaft, Salz, Pfeffer*

Zubereitung
Die Renke wird filetiert und in kleine Stücke geschnitten. Tomaten schälen und
würfeln, Zwiebel und Champignons in kleine Streifen schneiden, Kräuter fein

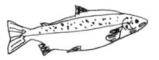

hacken. Zwiebel und Champignons werden kurz glasig gedünstet und mit Suppe aufgegossen. Tomaten- und Fischstückchen dazugeben, kurz aufkochen lassen. Kräuter hinzufügen und dann mit Salz, Pfeffer, Zitronensaft, Weißwein und der Worcestershire Sauce abschmecken.

FISCHRAGOUT

Zutaten
400 g Räucherfisch
2 Zwiebeln
3 Karotten
4 Tomaten
1 Stange Lauch
1 EL Mehl
Butter
⅛ l Hühnersuppe
Salz, Zitronensaft, Worcestershire Sauce

Zubereitung
Die Zwiebeln und Karotten werden geschält und gewürfelt, der Lauch in feine Streifen geschnitten und alles in der Butter ca. 5 Minuten gedünstet. Mit Mehl bestäuben und die gehäuteten und kleingeschnittenen Tomaten dazugeben. Mit der Suppe aufgießen und nochmals 5 Minuten bei schwacher Hitze kochen. In der Zwischenzeit wird der Räucherfisch entgrätet und in mundgerechte Stücke zerteilt. Den Fisch in das Ragout geben und mit Salz, Worcestershire Sauce und Zitronensaft abschmecken.

FRÜHLINGSPFANNE

Zutaten
250 g Räucherfisch
150 g tiefgekühltes Gemüse
1 Schuß Suppe (oder Wasser)
4 Eier, Butter
Schnittlauch, Petersilie
Salz, Curry

Geräucherte Fischspezialitäten

Geräucherte Karpfenstücke, dekorativ angerichtet

Zubereitung

Das Gemüse bei schwacher Hitze in Butter und einem Schuß Suppe (Wasser) ca. 10 Minuten garen. In der Zwischenzeit kann man den Räucherfisch sorgfältig entgräten und in gabelfreundliche Stücke zerteilen. Salz, Curry und Eier gut verrühren, über das mittlerweile gedünstete Gemüse gießen und die gehackten Kräuter einstreuen. Die Fischstücke werden auf der Eimasse verteilt, welche langsam in der Pfanne zu stocken beginnt. Achten Sie stets darauf, daß sich nichts am Boden festsetzt. Die Frühlingspfanne wird mit frischem Brot serviert.

RÄUCHERAAL MIT BLANCHIERTEM GEMÜSE

Zutaten
   500 g Räucheraal
   4 Karotten
   3 Petersilienwurzeln
   1 Stange Lauch
   2 rote Zwiebeln
   Pfeffer
   geröstetes Weißbrot

Sauce
   150 g Sauerrahm
   Schnittlauch
   4 EL Essig
   4 EL Öl
   Salz

Zubereitung

Karotten, Pertersilienwurzeln und Lauch werden in Scheiben geschnitten und in Salzwasser blanchiert, aber nicht zu lange, das Gemüse soll noch etwas Biß haben. Nach dem Abschrecken das Gemüse gut abtropfen lassen. Der Aal wird filetiert, in Stücke geschnitten und zusammen mit dem Gemüse auf einer Platte dekorativ angerichtet. Zwiebelringe auf dem Fisch-Gemüse verteilen und je nach Geschmack etwas pfeffern.

Für die Sauce rührt man Essig, Öl, Sauerrahm und Salz zusammen und verteilt sie über den Fisch und das Gemüse. Zum Schluß wird mit feingehacktem Schnittlauch garniert und der Räucheraal mit geröstetem Weißbrot serviert.

FISCHLAIBCHEN

Zutaten

500 g Räucherfisch	*1 EL Mehl*
1 Zwiebel	*2 EL Brösel*
3 Semmeln	*Salz, Pfeffer*
1 Ei	*Petersilie*
etwas Milch	*Fett zum Ausbacken*

Zubereitung

Zunächst wird das Räucherfischfleisch mit einer Gabel vom Rückgrat gelöst und zweimal durch den Fleischwolf gedreht (feine Scheibe). Dabei werden auch restliche Gräten gut zerkleinert, so kann man die Fischlaibchen problemlos essen. Die Semmeln werden in etwas Milch eingeweicht, die Zwiebel wird klein geschnitten und dann mit der Fischmasse und den restlichen Zutaten vermengt. Aus dieser Masse formt man nun Laibchen, die in heißem Fett ausgebacken werden.

FORELLE IN RIESLING-ASPIK

Zutaten

3 Räucherforellen
1 Tomate
Lorbeerblätter
Wacholderbeeren

Sauce

⅛ l Joghurt (oder Crème Fraîche)
Remoulade
Schnittlauch, Dill, Salz
eventuell etwas Knoblauch

Aspik
¼ l Riesling
¼ l Suppe
¼ l Wasser mit Zitronensaft
9 Blatt eingeweichte Gelatine

Zubereitung:

Die Fische filetieren, enthäuten und auf einer Platte anordnen. Mit Tomatenscheiben, Lorbeerblättern und Wacholderbeeren dekorativ garnieren. Für die Aspikflüssigkeit werden Riesling, Suppe, Wasser und Zitronensaft erwärmt (nicht kochen) und mit der Gelatine vermengt. Das Aspik über die Filets gie-

ßen und auskühlen lassen. Aus Joghurt, Remoulade und den feingehackten Kräutern wird eine Sauce angerührt und mit Salz abgeschmeckt. Als passendes Getränk hiezu empfiehlt sich besonders ein trockener Riesling.

RÄUCHERKARPFENMOUSSE IM STRUDELTEIG

Zutaten
> *500 g Räucherkarpfen*
> *5 cl Sherry*
> *¼ l Fischsud (Suppe)*
> *⅝ l Schlagobers (Sahne)*
> *4 bis 5 Blatt Gelatine*
> *Strudelteigblätter, Dill*

Zubereitung

Der Räucherkarpfen wird enthäutet und filetiert, Gräten und Haut in etwas Butter andünsten. Nachdem man mit Sherry abgelöscht hat, kurz einkochen lassen und mit Fischsuppe aufgießen. Der Sud soll etwas durchkochen. Ca. ⅛ l davon abseihen, ⅜ Schlagobers und die Filets dazugeben, kurz aufkochen lassen. Mit der eingeweichten und gut ausgedrückten Gelatine kommt der Fischsud nun für 2 bis 3 Minuten in den Turmmixer (man kann auch mit einem Stabmixer arbeiten). Abseihen und abkühlen lassen, bis die Masse zu stocken beginnt. ¼ l halbsteifgeschlagenes Schlagobers unter die Karpfenmasse rühren und kalt stellen. Mit dem Dressiersack wird das Räucherkarpfenmousse dann in die in Öl gebackenen Strudeltaschen gefüllt. Diese werden noch mit Dillzweigen garniert und mit Salat serviert.

OBERBAYERISCHER RÄUCHERFISCHSALAT

Zutaten
> *500 g Räucherforelle (oder anderer Räucherfisch)*
> *200 gekochtes Rindfleisch oder Schinken*
> *4 Gewürzgurken*
> *2 Tomaten*
> *1 gekochtes Ei*
> *Delikateßremoulade*
> *Salz, Pfeffer*

Zubereitung

Die Fische werden filetiert, entgrätet und dann, ebenso wie das Fleisch (bzw. der Schinken) und die Gurken, klein geschnitten. Mit Remoulade vermischen, salzen, pfeffern und am Schluß mit Tomaten- sowie Eischeiben garnieren. Als Getränk ist besonders ein Franken-Riesling zu empfehlen.

CURRY-RÄUCHERFISCHSALAT

Zutaten

800 g Räucherfisch	⅛ l Schlagobers (Sahne)
1 Apfel	Kopfsalatblätter
3 Tomaten	3 El. Mayonnaise
2 Gewürzgurken	Curry, Salz, Pfeffer

Zubereitung

Die Fische filetieren und in kleine Stücke schneiden. Apfel, Tomaten und Gurken werden ebenfalls zerkleinert und mit den Fischstückchen vermischt. Aus Mayonnaise, Schlagobers, Curry, Salz und Pfeffer eine pikante Sauce anrühren und mit den anderen Zutaten vermengen. Der Räucherfischsalat wird auf Kopfsalatblättern angerichtet und am besten mit einem trockenen Wein serviert.

FORELLENFILETS „KÖNIGIN ART"

Zutaten
> 250 g geräucherte Forellenfilets
> 1 kl. Dose Spargel
> 1 kl. Dose Champignons
> 150 g Salatmayonnaise
> 100 g Schlagobers (Sahne)
> Pfeffer, Salz, Dill
> Worcestershire Sauce

Zubereitung

Die Filets werden in mundgerechte Stückchen zerteilt. Spargel und Champignons abtropfen lassen und ebenfalls in Stücke schneiden. Alle Zutaten werden dann in das geschlagene Schlagobers eingerührt, gewürzt und sofort serviert.

GERÄUCHERTE FORELLENFILETS AUF BLATTSALAT

Zutaten
  2 Räucherforellen
  100 g Friséesalat
  100 g Radicchiosalat
  100 g Kopfsalat
  Estragonessig
  Traubenkernöl
  Dill
  Salz, Pfeffer

Marinade
  ¼ l Crème Fraîche
  ¼ l Joghurt
  Zitronensaft
  2 EL Oberskren
  3 cl Orangenlikör
  Zucker, Cayennepfeffer

Zubereitung

Die Blattsalate in mundgerechte Stücke zerpflücken und dekorativ anrichten. Mit Estragonessig und Traubenkernöl beträufeln, salzen und pfeffern. Die Räucherfische werden filetiert und auf den Salat gelegt. Für die Marinade schlägt man Crème Fraîche, Joghurt, Zitronensaft, Oberskren und Orangenlikör schaumig. Mit Salz, Pfeffer, Zucker und Cayennepfeffer würzen und die Marinade auf den Forellenfilets verteilen. Der Salat wird noch mit etwas Dill garniert und dann sofort serviert.

RÄUCHERFISCHAUFSTRICH

Zutaten
  500 g Räucherfisch
  350 g Gervais
  1 TL Worcestershire Sauce
  Salz, Pfeffer
  eventuell etwas Lachsersatz (Seelachsschnitzel) zum Einfärben

Zubereitung

Das Räucherfischfleisch wird mit einer Gabel vom Rückgrat gelöst und zweimal durch den Fleischwolf gedreht. Dann den Gervais zur Fischmasse geben und gut mixen. Mit Salz, Pfeffer und Worcestershire Sauce je nach Geschmack würzen. Um eine schöne orange Farbe zu erhalten, kann man etwas Lachsersatz hinzufügen. Nochmals mixen und den Aufstrich mit frischem Brot servieren.

RÄUCHERFORELLENAUFSTRICH NACH ROSEMARIE HARTL

Zutaten
    4 Räucherforellenfilets
    ⅛ l Sauerrahm
    1 Bund Schnittlauch
    Zitronensaft, Salz, Pfeffer
    Zitronenscheiben, Dillzweige

Zubereitung

Die Filets werden gehäutet und in kleine Stücke zerteilt, den gerührten Sauerrahm und gehackten Schnittlauch beigeben und mit den restlichen Zutaten abschmecken. Zum Servieren kann man mit zwei großen Löffeln Nockerln formen und den Aufstrich mit Zitronenscheiben und Dillzweigen garnieren.

RENKENAUFSTRICH

Zutaten
    100 g geräuchertes Renkenfilet   *1 TL Kapern*
    2 Zwiebeln   *2 EL frische Majoranblätter*
    70 g Butter   *Zitronensaft, Senf, Pfeffer*
    etwas Butter zum Braten   *Frühlingszwiebeln*
    1 Ei

Zubereitung

Die Renkenfilets werden enthäutet und in Streifen geschnitten. Die Zwiebeln klein schneiden, mit etwas Butter anglasen und auskühlen lassen. Die kalte Butter wird in Würfel geschnitten und zusammen mit dem hartgekochten, gehackten Ei, den Zwiebeln, Majoranblättern und Kapern zu den Fischstreifen gegeben. Die gesamte Mischung kommt dann in die Küchenmaschine und wird solange zerkleinert, bis eine weiche Creme entstanden ist. Mit etwas Senf, Zitronensaft und Pfeffer abschmecken und auf kleine geröstete Brotscheiben streichen. Die Brötchen werden mit Frühlingszwiebeln und feingeschnittenen Kräutern garniert und zum Aperitif serviert.

Geräucherte Regenbogenforellen

Geräucherte Seesaiblinge

RÄUCHERFORELLENPASTETE NACH ROSEMARIE HARTL

Zutaten
  6 Räucherforellenfilets
  150 g Butter
  2 gekochte Eier
  1 Bund Petersilie
  Salz, Pfeffer
  Cocktailtomaten, Dill

Zubereitung

Zunächst werden die gehäuteten Filets in der Mulinete gut zerkleinert. Die Butter schaumig rühren und das Fischmousse beigeben, mit Salz und Pfeffer abschmecken. Eine kleine Kastenform mit Klarsichtfolie auslegen und die Hälfte der Masse hineinfüllen. Mit Petersilienblättern belegen und das in Scheiben geschnittene Ei darauflegen. Dann wird der Rest der Masse in die Form gefüllt und für zwei Stunden in den Kühlschrank gestellt. Anschließend schneidet man die Pastete in etwa 1 cm dicke Stücke und garniert die Scheiben mit Cocktailtomaten und Dill.

Man kann den geräucherten Fisch natürlich auch mit verschiedensten Saucen genießen.

SAUCEN, DIE ZU FISCH PASSEN

Oberskren

Zutaten

4 EL geriebener Kren
1 Zwiebel
180 ml Schlagobers (Sahne)

Salz, Zucker, Muskat
Zitronensaft

Zubereitung

In das gut geschlagene Schlagobers werden die geriebene Zwiebel und der Kren eingerührt. Anschließend mit Salz, Zucker, Muskat und Zitronensaft abschmecken.

Krensauce

Zutaten

100 ml Schlagobers (Sahne)
1 Apfel

Kren
Salz

Zubereitung

Apfel und Kren werden fein gerieben und in das geschlagene Schlagobers eingerührt. Je nach Geschmack salzen und zum Räucherfisch servieren.

Senf-Dill-Sauce

Zutaten

3 EL Olivenöl
2 EL Senf
1 TL Zucker
1 EL Zitronensaft

Sauerrahm
Dill
Pfeffer

Zubereitung

Zuerst werden Senf und Öl verrührt, dann fügt man den Zitronensaft, die Gewürze, und den kleingehackten Dill bei. Der Sauerrahm wird etwas aufgeschlagen und mit der Senfmischung zu einer dickflüssigen Sauce gerührt.

MAYONNAISE

Zutaten
3 Eidotter   *Schnittlauch*
ca. ¼ l Öl   *Senf, Salz, Pfeffer*
4 EL Weißweinessig

Zubereitung
Aus den Dottern und dem Öl wird die Mayonnaise geschlagen. Dafür müssen die Dotter zunächst mit dem Mixer „hellgelb" geschlagen werden, dann gibt man tröpfchenweise das Öl dazu. Nach und nach kann immer mehr Öl auf einmal in die Mayonnaise gegeben werden, bis schließlich eine steife Masse entstanden ist. Feingehackten Schnittlauch dazugeben und mit Senf, Essig, Salz und Pfeffer abschmecken.

SAUCE TATARE

Zutaten
3 Eidotter
ca. ¼ l Öl
4 EL Weinessig
4 EL feingehackte Zwiebel
4 EL feingehackte Cornichons
1 EL feingehackte Kapern
2 hartgekochte Eier, kleingehackt
1 Bund Schnittlauch, gehackt
3 EL gehackte Petersilie
Salz, Pfeffer

Zubereitung
Aus den Dottern und dem Öl wird wie oben eine Mayonnaise geschlagen. Die übrigen Zutaten hineingeben, verrühren und je nach Geschmack mit Salz und Pfeffer abschmecken.

SENFSAUCE

Zutaten
   2 Eidotter
   ¼ l Öl
   2 EL Dijonsenf
   4 EL Schlagobers (Sahne)

   Petersilie
   Zitronensaft
   Salz, Pfeffer

Zubereitung
Dotter, Zitronensaft und Senf werden gut verrührt, dann wird wie beschrieben unter langsamer Zugabe des Öls eine Mayonnaise gemixt. Schlagobers und gehackte Petersilie unterrühren und mit Salz und Pfeffer je nach Geschmack würzen.

SCHNITTLAUCHSAUCE

Zutaten
   2 Eidotter
   ca. ¼ l Öl
   6 Essiggurkerln

   2 Bund Schnittlauch
   Süßer Senf, Salz
   Essiggurkerlessig

Zubereitung
Aus den Dottern und dem Öl wird wie oben eine Mayonnaise geschlagen. Dann gibt man die feingehackten Essiggurkerln, etwas von dem Gurkerlessig sowie den gehackten Schnittlauch dazu. Mit Senf und Salz je nach Geschmack würzen.

KETCHUP-SAUCE

Zutaten
   ⅛ l Sauerrahm
   ca. 5–6 EL Ketchup

Zubereitung
Je nach Geschmack einige Löffel Ketchup zum Sauerrahm geben und gut verrühren.

PETERSIL-KAPERN-SAUCE

Zutaten
2 Eidotter	*Kapern, Sardellenpaste*
ca. ¼ l Öl	*Süßer Senf, Salz*
5 Essiggurkerln	*Essiggurkerlessig*
1 Bund Petersilie	

Zubereitung
Aus den Dottern und dem Öl wird wieder wie oben eine Mayonnaise geschlagen. Gurkerln, Kapern und Petersilie werden feingehackt und eingerührt, anschließend mit Sardellenpaste, Gurkerlessig, Senf und Salz abschmecken.

ZU RÄUCHER- UND GRILLFISCH PASSENDE GETRÄNKE

Zu allen warmen Räucherfischen passen grundsätzlich trockene, aber gehaltvolle Weißweine.

Werden geräucherte Fische kalt gegessen (sie schmecken dadurch etwas deftiger, wie z.B. Karpfenstücke), läßt sich auch Bier sehr gut dazu trinken. Eher fette Räucherfische (wie z.B. Aale) verlangen zusätzlich nach einem „Klaren".

In Norddeutschland bekommt man dafür extra einen sog. „Aalputzer" – ein mildes Branntweingetränk – als Digestif nach dem Aalessen.

Zu gegrillten Fischen wie auch zu Graved Lachs schmeckt ein guter herber Weißwein, aber auch Bier paßt ganz hervorragend.

Nur zu Forellenkaviar auf Toast würde ich auf alle Fälle einen Weißwein von besonderer Qualität oder trockenen Sekt empfehlen.

EINIGE FIRMEN, DIE RÄUCHERGERÄTE BZW. ZUBEHÖR FÜRS RÄUCHERN HERSTELLEN

Fa. Hans Grassl, Apparatebau, Fischereibedarf, Waldhauserstr. 8, D-83471 Schönau-Berchtesgaden am Königssee, Tel.: 08652/3192, Fax: 08652/63608 Gesamte Palette von Klein- bis Großräuchergeräten, Grillgeräte, Raucherzeuger, alles erdenkliche Zubehör zum Räuchern.

Fa. Bernhard Feldmann, Willscheidweg 4, D-57413 Finnentrop-Fretter, Tel.: 02724/277, Fax: 02724/8766
Spez. Kleinräucher- u. Grillgeräte, spez. Gewürzgrillkohle, div. Räucher- u. Grillgewürze, Räuchermehl usw.

Fa. Jenzi, Postfach 266, D-73652 Plüderhausen, Tel.: 07181/9887-0, Fax: -70 Ausgezeichnete Räucherlauge, Räuchermehl, div. Gewürze, Kleinräuchergeräte.

Maschinenbau Franz Eidler, Marktring 15, A-2811 Wiesmath, Tel.: 02645/2254 oder Fax: 02645/2254-4, e-mail: franzeidler@aon.at, Internet: www.eidler.at
Fischräucherschränke, mobile Grill- und Räuchertechnik.

Alles für den Fisch, Bachweg 4, A-9361 St. Salvator, Tel. und Fax: 04268/2094, Internet: www.alles-fisch.at.
Räucherschränke, Fischereibedarf

Salinen Austria GmbH, Steinkogelstr. 30, A-4802 Ebensee, Tel.: 06133/4141, Fax: 06133/8216
Spezielles Grobsalz, ideal zum Einsuren (Naßsalzen) von Fischen.

WEITERBILDUNG FÜR LERNWILLIGE

Am Institut für Gewässerökologie, Fischereibiologie und Seenkunde in Scharfling am Mondsee finden alljährlich Räucherkurse statt.
5310 Mondsee, Scharfling 18, Tel. 06232/3847; Fax 06232/3847-33
e-mail: edv@igf.bmflf.gv.at

Fischbuffet im Rahmen des Räucherkurses in Scharfling

117

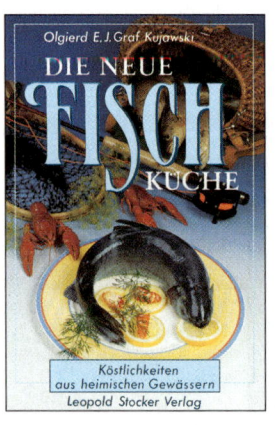
118

Verläßlichkeit in jedem Sack

Erhältlich im

GARANT-Tiernahrung GmbH., Raiffeisenstraße 3, A-3380 Pöchlarn. Tel.: (0 27 57) 22 81, Fax: (0 27 57) 22 81-150